한반도
슈퍼 사이클

[일러두기]
- 책에 나오는 정보, 숫자는 집필 당시 기준입니다. 이후 국제 정세, 정치 상황에 따라 변동될 수 있습니다.
- 책에 나오는 정보를 바탕으로 투자할 경우 최종 판단과 책임은 투자자 본인에게 있습니다.

한반도 슈퍼 사이클

새로운 남북한 경제 협력 시대의
단계별 투자 시나리오

소현철·최영호 지음

삼인

책을 시작하며

세계 최저 출산율로 인해 생산 연령 인구가 감소하면서 2040년에 한국의 잠재 성장률이 멈출 전망이다. 게다가 중국의 추격으로 한국의 반도체 산업과 제조업이 흔들리고 있어 한국의 미래가 비관적인 상황이다.

지난 35년간 한국 기업은 새로운 동력을 찾아 중국과 베트남에 진출했다. 그러나 이 나라들에서도 인건비, 부동산 등 각종 비용 상승으로 투자 여건이 악화하고 있다. 이제 한국은 바로 옆에서 같은 언어를 쓰는 북한에 새로운 경제성장의 기회가 열려 있다고 본다.

한국 사람들 대부분은 과거에 금강산 관광과 개성공단이 중단됐고 2019년 제2차 북·미 정상회담이 결렬되면서 북한에 대한 부정적 인식이 강하다. '정말로 북한 투자가 가능한 것인지', '혹시 가능하다고 해서 이익을 낼 수 있을지' 등으로 멀리 떨어져 있는 개발도상국보다도 관심이 없다.

2025년 5월 대통령 선거 기간, 이재명 후보가 '코스피 5000'을 핵심 공약으로 내세우면서 코스피 강세가 지속하고 있다. 이를 위해 이재명 정부는 상법 개정, 공정한 거래 질서 등을 추진하고 있다. 그러나 코스피의 구조적 상승 여부는 한국 기업의 성장 잠재력을 높이고 한반도의 지정학적 리스크를 해결하는 것에 달려 있다.

2025년 8월 25일 한·미 정상회담에서 이재명 대통령은 트럼프 대통령이 '피스메이커(Peacemaker: 중재자)' 역할을 담당해서 한반도 문제를 해결해달라고 요청했다. 트럼프 대통령은 과거와 달리 단계적 비핵화를 통해 북·미 정상화를 추진할 것으로 전망된다.

북한은 러시아와 우크라이나 간 전쟁(이하 '러·우 전쟁')으로 인한 군수 산업 특수로 산업 생산량이 증가하고 쌀 생산량도 양호한 상황이다. 그럼에도 불구하고 2024년 5월부터 북한 원/달러 환율은 4.9배 급등했고 쌀값도 4.2배 폭등했다. 김정은 국무위원장(이하 '김정은 위원장')은 경제 위기를 돌파하고 체제의 안정성을 확보하기 위해 새로운 북·미 관계를 통한 경제 개발이 중요하다고 인식하고 있다. 이러한 흐름으로 과거 어느 때보다 북한(시장)

개방의 길이 열릴 가능성이 크고 그 길을 통해 한국 기업이 북한이라는 새로운 시장에 진출해 성장 동력을 확보할 수 있다.

일반적으로 북한은 핵탄두를 가진 3대 세습의 독재국가이며 1995년 대기근으로 수십만 명이 굶어 죽은 폐쇄적인 공포국가로 인식되고 있다. GDP 등 경제적 수치 관점에서 북한은 바로 옆에 있는 저개발국가라고 볼 수 있다. 그러나 북한의 인구구조는 젊고 역동적이며 비록 해킹 위주로 증명되고 있지만 소프트웨어 인재가 넘치는 나라다.

1995년 대기근 이후 중앙집권식 계획 경제는 해체됐고 장마당을 통한 시장화가 확산하고 있으며 북한 주민 1,000만 명 이상이 휴대폰을 사용하고 있다. 희토류를 포함한 풍부한 지하자원을 보유하고 있으며 북한 당국은 외국인 투자 유치를 통해 경제 개발을 촉진하려고 개성공업지대, 나선경제무역지대 등 경제개발구를 설치했다.

한국은 북한의 잠재력과 투자 여건을 반영한 단계적인 투자 전략을 수립하는 것이 중요하다. 투자의 1단계에서는 북·미 관계, 남·북 관계가 정상화되면 과거에 진행되었던 개성공단과 관광 사업을 재개하고 북한 교통과 에너지 인프라에 투자하는 것이다. 2단계 투자에서는 1단계 투자의 성과를 확인한 후 대대적으로 북한 투자의 범위를 확대한다. 그리고 3단계 투자에서는 북한판 4차 산업혁명을 확산하는 것이다.

1단계에서의 투자는 다시 두 단계로 나뉜다. 1단계의 첫 번째 투자 단계에서 개성공단과 관광 사업이 재개되면 북한 경제가 활성화될 수 있다. 북·미 관계 정상화로 미국의 대북 경제 제재가 해제되면 개성공단에서 생산되는 제품을 미국에 수출할 수 있다. 개성공단에서 사업 기회가 확대되면 한국 기업은 과거와 달리 개성공단에 대거 진출할 것으로 전망된다. 또한, 금강산에서 원산까지 관광이 가능해져 북한 관광 부가가치가 높아질 것이다.

1단계 두 번째 투자 단계에서는 수많은 한국 기업이 북한의 교통·물류와 에너지 인프라 구축 사업에 참여하게 됨으로써 북한의 열악한 인프라가 빠르게 개선될 전망이다. 이는 북한 경제의 도약에 초석이 될 것이다. 한국 기업은 북한과 협력을 통해 희토류 등 풍부한 자원을 효율적으로 개발할 수 있으며 인프라 구축에 중요한 북한의 철강과 시멘트 산업의 현대화에 참여할 수 있다.

2단계 투자에서 한국 기업은 1단계 사업 성과를 평가한 후 본격적으로 북한 사업을 확대할 것으로 전망된다. 한국 기업은 개성공단에서 스마트폰과 가전 사업을 추진할 수 있다. 한국 IT 기업과 벤처 기업은 은정첨단기술개발구에서 소프트웨어와 게임 사업을 추진할 수 있다. 나선경제무역지대에서는 해운과 조선업 진출이, 평양 인근 수출가공구(輸出加工區)에서는 자동차 사업의 진행도 가능하다.

3단계 투자가 진행되면 북한의 북한판 4차 산업혁명인 '새 세기 산업혁명'과 연계해 6세대 통신 네크워크를 기반으로 스마트 팩토리, 동북아 슈퍼 그리드, 스마트 시티 사업을 전개하면서 경제 고도화를 추진할 수 있다.

1991년 소련이 해체되기 전까지는 북한 경제가 베트남 경제보다도 좋았다. 그런 북한이 지난 35년 동안 핵·미사일 고도화로 인한 유엔의 경제 제재로 북한과 베트남 간의 경제 격차가 확대됐다. 이제 북한이 미국과 핵 문제를 해결하고 국교 정상화를 합의하면 북한 경제는 고도성장하여 대동강의 기적을 보여줄 수 있는 잠재력을 가지게 된다.

북한 경제의 개발이 본격적으로 추진된다면 한국 기업은 대북 사업을 통해 새로운 성장 동력을 확보하고 여기에 필요한 신규 인력의 채용을 확대할 것이다. 기업의 성장과 새로운 고용 창출이라는 기회가 동시에 열리게 되는 것이다. 이처럼 북한 경제의 개발은 한국의 젊은 청년들에게 새로운 취업과 창업의 기회를 제공할 수 있다. 한반도의 미래에 대한 낙관적 태도가 확산하면 출산율도 회복되면서 한국 경제는 새로운 도약의 길로 나아갈 수 있다.

1997년 외환위기 이후 한국산업은행을 제외한 한국 거대 금융지주의 시중은행은 기업 여신보다는 부동산 담보 대출 위주의 영업에 주력했다. 이것이 서울 아파트 가격 상승의 주요한 이유 가운데 하나다. 그런데 한국의 거대 금융지주는 외국인 지분율이 높아 외국인들은 막대한 배당금을 받고 있다.* 이제 시중은행은 북한 시장을 바라보면서 부동산 담보 대출 위주의 사업보다는 한반도 경제공동체의 인프라와 산업 발전에 필요한 자금을 공급할 수 있는 투자은행의 마중물 역할을 담당할 필요가 있다.

지금까지 한국은 유라시아 대륙과 단절되어 있었지만 북한과 함께 한반도 경제공동체를 실현해 나간다면 거대한 변화가 시작될 것이다. 한반도 경제공동체는 유라시아 대륙과의 단절과 갈등을 극복하고 대륙세력과 해양세력이 공동 번영하는 미래의 터전으로 새롭게 태어날 것이다. 과거 한반도에서 있었던 분열과 갈등을 극복하고 2045년 광복 100주년 희망과 번영이 싹트는 새로운 세계가 열릴 수 있기를 간절히 소망한다.

소현철, 최영호

---

* 2025년 9월 17일 기준 외국인 보유율: KB금융 77.5%, 신한금융지주 59.6%, 하나금융지주 66.8%, 우리금융지주 47.2%.

| 책을 시작하며 | 4 |

1장 북한 경제 개발, 한국 주식 시장의 마지막 블루오션

01. 세계 최저 출산율로 2040년 한국 잠재 성장률이 멈춘다	18
02. 흔들리는 한국 반도체 산업	22
03. '중국 제조 2025'의 대공세와 한국 기업의 경쟁력 하락	24
04. 성장 동력을 상실한 한국, 북한 경제 개발이 새로운 기회	29
05. '북한 경제 개발' 프로젝트의 엄청난 잠재력	32
06. '코리아 디스카운트'로 미국 주식에 열광하는 한국 투자자	37
07. 북한 경제 개발, '컴백 코리아'와 '코스피 5,000시대'를 견인	42
• '월가 거장' 짐 로저스, 전 재산을 북한에 투자하고 싶다	47
• 통일의 효과로 독일 GDP가 일본을 추월했다	50

2장 피스메이커 트럼프 대통령, 북·미 관계 정상화를 원한다

01. 미·중 패권 경쟁, 북한의 지정학적 가치가 중요해졌다	58
02. 주한미군이 필요하다고 인식한 김정은 위원장	62
03. 제1차 북·미 정상회담과 북·미 관계 정상화 의지	65
04. 제2차 북·미 정상회담 결렬과 북한 핵·미사일 고도화	68
05. 북·러 군사 동맹으로 북한의 전략적 입지가 강화됐다	72
06. 트럼프 대통령은 북·미 관계 정상화를 원한다	75
07. 북·미 관계에 따라 북·일 관계도 정상화된다	78
• 트럼프의 대외 행동 방식은 닉슨과 비슷하다	82

3장 흔들리는 북한 경제, 돌파구가 필요하다

01. 유엔 제재의 영향으로 환율이 4.9배 급등　　　　　　　　88
02. 환율 급등으로 인한 쌀값, 부동산 가격 폭등　　　　　　94
03. 러시아 파병과 전쟁 특수의 한계　　　　　　　　　　　97
04. 김정은 위원장에게는 획기적인 경제 돌파구가 필요하다　100
05. 대북 제재 해제만으로도 북한 경제는 회복한다　　　　　104
06. 한반도 경제공동체로 발전해야 한다　　　　　　　　　107
• 유럽공동체는 300년간 숙적 서독과 프랑스 경제를 부흥시켰다　112

4장 북한 잠재력에 주목하면 투자의 길이 열린다

01. 젊고 역동적인 인구구조　　　　　　　　　　　　　　118
02. 탁월한 소프트웨어 인재가 넘친다　　　　　　　　　　122
03. 장마당과 돈주가 북한판 시장 경제를 주도한다　　　　　126
04. 휴대폰 보급 확대로 시장의 효율성이 높아지고 있다　　131
05. 희토류를 포함한 풍부한 지하자원에 주목하라　　　　　134
06. 경제개발구를 통해 경제 발전에 나선다　　　　　　　　138
• 남북한 보건 협력, 인적자본에 대한 투자다　　　　　　143
• 북한 해킹 기술에 세계적인 소프트웨어 실력이 있다　　147

5장 | 1단계 투자 ①
개성공단과 관광 사업 재개

01. 개성공단은 한국의 미래 생산기지다   151
02. 동북아 관광 허브를 꿈꾸는 북한의 관광 사업   161
03. 개성공단과 관광으로 길이 열리는 한국 음식료   168
- 현대아산의 움직임에 주목하자   173

6장 | 1단계 투자 ②
인프라 투자와 자원 개발로
경제 도약의 초석을 마련한다

01. 북한 경제 개선의 전제조건은 인프라 투자다   177
02. 자원 개발, 북한의 희토류와 마그네사이트를 선점하자   192
03. 북한 철강 산업의 재건에 참여하라   199
04. 시멘트 산업의 현대화에 투자한다   202
- 문재인 정부의 한반도 신경제 지도   206
- 북극 횡단 운송 회랑, 남·북·러의 자원과 물류의 혁신 프로젝트   209

7장 2단계 투자
IT·중화학 공업 투자를 통한 경제성장의 본격화

01. 삼성전자, 베트남 고도성장의 주역   215
02. 개성공단 확장, 스마트폰·가전 사업이 이끈다   219
03. 은정첨단기술개발구에 진출하면 소프트웨어와
 게임 경쟁력이 강화된다   223
04. 북한 유통업에 진출할 길은 이미 열려 있다   227
05. 해운업체와 조선업체는 나선경제무역지대로 진출할 수 있다   231
06. 현대화 작업만으로도 성과를 낼 수 있는 화학 산업   234
07. 평양 인근 수출가공구에는 자동차 사업이 적합하다   236
08. 한·러 가스관 프로젝트, 이번에는 성사될 수 있다   239
- 베트남 경제성장의 신화   244

8장 3단계 투자
경제 고도화는 4차 산업혁명으로

01. 6세대 이동통신으로 단번 도약   253
02. 스마트 팩토리, 생산성을 높인다   255
03. 동북아 슈퍼 그리드, 에너지 인프라의 혁신적 변화   257
04. 스마트 시티, 경제개발구가 첨단 도시로 변모한다   260
05. 고속철도 사업, 한반도와 중국의 교통 혁명이 시작된다   262
- 북한의 GDP가 20년 동안 5.2배 증가할 수 있다   265
- 한반도 경제공동체를 위한 정부의 역할   268

미주   271

1장

북한 경제 개발,
한국 주식 시장의 마지막 블루오션

2025년 4월 4일 윤석열 (당시) 대통령 탄핵 선고로 인해 정치적 불확실성이 해소되면서 코스피 지수가 약 40% 상승했다. 대주주 양도세 기준과 지배구조 투명성 이슈가 해결된다면 코스피가 추가 상승할 수 있다고 기대하고 있다. 그런데 과연 이러한 이슈가 해결된다고 해서 코스피 지수가 추세적으로 상승할 수 있을까?

국가의 성장 잠재력과 기업의 구조적인 실적 개선이 확보되지 않는다면 코스피 지수의 추세적 상승을 기대할 수 없다.

돈이라는 유동성의 힘만으로 단기적으로 주가 지수를 부양할 경우 오히려 주가 지수의 폭락이라는 후유증을 겪을 가능성이 크다. 한국 경제의 구조적 문제를 진단하고 이에 대한 근본적인 해결책을 모색하는 것이 코스피의 구조적 상승을 위한 필요조건이다.

부동산 가격 급등으로 인한 출산율 급락으로 생산 연령 인구가 감소하고 있다. 그리고 한국 반도체 산업이 흔들리고 있고 '중국 제조 2025'로 경쟁력을 확보한 중국 제품 때문에 한국 기업의 수출 경쟁력이 하락하고 있다. 이와 같은 한국 경제의 성장 엔진이 꺼지면서 2040년 잠재 성장률이 제로(0)로 멈출 것으로 전망한다. 과연 성장이 멈춘 한국 경제에 불씨를 어떻게 살릴 수 있을 것인가?

트럼프 행정부의 상호관세 부과를 시작으로 각 국가가 자국의 경제적 이익을 위해 보호무역을 단행하고 있다. 자유무역의 최대 수혜를 입은 한국은 기존의 방식으로 국내외적 경제 도전을 헤쳐나가기가 쉽지 않은 상황이다.

이러한 위기 속에 한쪽에서는 새로운 기회가 싹트고 있다. 트럼프 대통령은 북한 김정은 위원장과의 정상회담을 통해 북·미 관계 정상화를 추진하고 있다.

북·미 관계 정상화로 인해 트럼프 타워가 북한에 건설된다면 한반도의 지정학적 리스크가 해결될 것이다. 그러면 미국, 일본 등 해외 투자자는 북한 경제에 투자를 본격적으로 추진할 것이다. 이로 인해 한국 기업은 '북한 경제 개발'이라는 새로운 성장 동력을 확보하면서 실적이 크게 개선될 것이며 기업의 주가가 크게 상승할 수 있다. 북한 경제 개발이 한국 주식 시장의 마지막 블루오션인 것이다.

::01::
세계 최저 출산율로
2040년 한국 잠재 성장률이 멈춘다

　1962년 박정희 정권은 식량 문제를 해결하고 경제성장을 위해 산아 제한정책을 시행하였다. 정부는 1970년대 '딸, 아들 구별 말고 둘만 낳아 잘 기르자', 1980년대 '하나만 낳아도 삼천리는 초만원'이라는 슬로건을 통해 합계출산율을 1962년 5.56명에서 1988년 1.56명으로 크게 낮췄다. 2000년까지 합계출산율은 1.5명 수준으로 안정적으로 유지됐으나 2001년 1.34명으로 하락했고 2005년 1.12명까지 급락했다. 이를 개선하기 위해 노무현 정부는 2005년 '저출산·고령사회 기본법'을 제정했지만, 합계출산율은 2015년까지 1.2명 수준으로 크게 개선되지 못했다.

　2015년 정부의 부동산에 대한 대출 규제 완화 이후 본격적으로 집값이 상승하기 시작했으며 2018년 이후에도 실질적인 부동산 공급을 확대하지 못한 채 규제 위주의 부동산 정책을 펼치면서 서울시 아파트 매매 실거래 가격지수는 2017년 11월 100에서 2022년 4월 177까지 급등했다.

집값 급등으로 인한 주거비 부담으로 혼인율이 급감하면서 한국의 합계출산율은 2018년 0.95명으로 1명 이하를 기록했고, 2019년 0.88명, 2020년 0.81명, 2021년 0.78명, 2022년 0.78명, 2023년 0.72명으로 급감했다. 이는 OECD 평균 1.51명, 일본 1.21명, 중국 1명 대비 심각한 수준으로 세계에서 가장 낮은 상황이다.

한국의 출산율 하락의 원인은 1960년대부터 1990년대까지

한국, 일본, 중국 합계출산율 추이

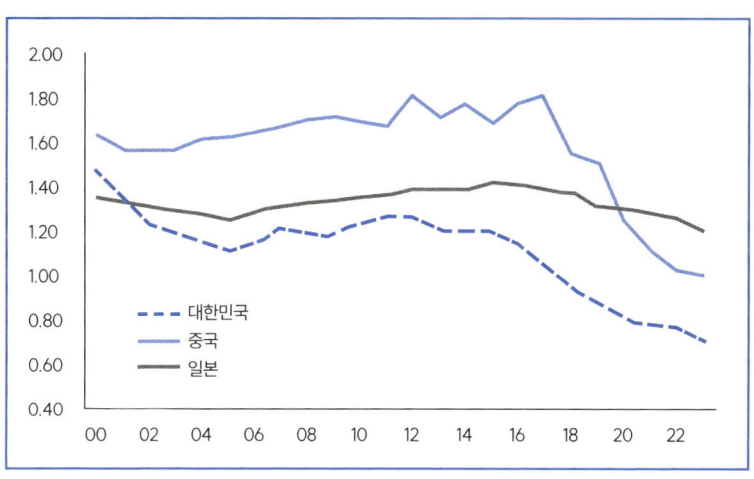

• 출처: 「국제·북한 통계」(국가통계포털)

는 정부의 인구 억제정책에 기인했다. 그러나 1997년 외환위기 이후부터는 기업 구조조정과 중국으로의 생산기지 이전에 따른 양질의 일자리 감소 등의 경제적 요인이 주요한 이유였다. 특히 2016년 이후는 주택 가격 급등에 따른 주거 불안정이 가장 중요한 요인이라고 볼 수 있다.[1]

한국의 저출산으로 인해 생산 연령 인구(15~64세)는 2025년 3,591만 명에서 2045년 2,665만 명으로 926만 명이 감소할 전망이다.[2] 산업 현장에서 노동력 부족은 노동 투입과 총요소생산성에 부정적인 영향을 주기 때문에 한국의 잠재 성장률은 2025년 예상 1%대 후반에서 2040년 0% 내외로 하락하면서 사실상 성장이 멈출 것으로 전망되고 있다.[3]

한국이 성장을 위한 새로운 돌파구를 찾지 못할 경우 한국의 미래는 1991년 이후 30년 동안 경제 성장률 평균 1% 이하로 떨어진 일본의 잃어버린 30년 모습과 유사할 가능성이 크다. 1980년대 말 일본에서는 부동산 가격이 급등하고 이에 필요한 가계와 기업의 부채가 급증했다. 그러나 1990년부터 부동산 가격 붕괴와 금융권의 대규모 부실로 인해 소비와 투자가 위축되면서 일본 경제는 30년 장기 불황에 빠졌다.

한국 기업의 북한 경제 개발 참여는 한국 경제의 성장을 위한 새로운 돌파구가 될 수 있다. 수요 부진으로 어려움을 겪고 있는 국내 철강, 화학, 건설, 시멘트 기업은 북한이라는 새로운 수요처를 통해 성장과 실적 개선이라는 기회를 확보할 수 있다. 경제성장으로 인한 미래에 대한 낙관적 태도가 확산하면 출산율도 회복되면서 한국 경제는 새로운 도약의 길로 나아갈 수 있다.

::02::
흔들리는 한국 반도체 산업

    2013년 중국 스마트폰 시장에서 삼성전자의 시장 점유율은 19.7%로 2위 업체인 화웨이(10.6%)를 압도했었다.

    2014년 중국 정부는 자국산 스마트폰업체를 키우기 위해서 스마트폰 보조금 축소정책을 시행했다. 2018년 1분기 삼성전자 스마트폰 시장 점유율은 1.3%로 급락했고 이제는 중국 시장에서 삼성전자 스마트폰의 존재감은 없는 상황이다.

    이런 와중에 2014년 대만의 세계 최대 파운드리업체인 TSMC는 삼성전자가 제조했던 애플 아이폰용 칩을 나눠서 제조하기 시작했고 2016년 아이폰용 칩 전량을 생산하면서부터 삼성전자와의 격차를 확대하고 있다. 시장조사업체 트렌드포스에 따르면, 반도체 파운드리 시장 점유율에서 TSMC는 2020년 2분기 51.5%에서 2025년 1분기 67.6%까지 상승했다. 그러나 삼성전자는 같은 기간 18.8%에서 7.7%로 급락하면서 현재 양사 간의 격차는 확대되고 있다.

중국 파운드리업체인 SMIC가 정부의 지원과 세계 1위의 반도체 내수 시장을 기반으로 큰 폭의 성장을 하면서 2024년 1분기 대만 UMC를 제치고 세계 3위 업체로 도약했다. 삼성전자의 반도체 파운드리 경쟁력이 회복되지 않는다면 한국은 4차 산업혁명 경쟁에서 중국에 확실히 밀리게 된다.

미국의 반도체 통제에 대응해 중국 정부는 삼성전자와 SK하이닉스가 지배하고 있는 메모리 반도체 산업을 집중적으로 육성하고 있다. 특히 중국 정부의 지원을 받는 CXMT가 급성장하고 있다. 트렌드포스에 따르면, CXMT의 글로벌 D램 시장 점유율은 2024년 5%에서 2025년 12%로 상승할 것으로 전망되고 있다.

2024년 한국 메모리 반도체 무역수지 흑자 규모는 521억 달러로 자동차 425억 달러보다 높은 1위 무역수지 흑자 품목이다. 중국의 메모리 반도체 부상은 삼성전자와 SK하이닉스뿐만 아니라 한국 경제에 결정적인 위협이 될 수 있다. 한국 정부는 메모리 반도체 산업을 위한 국가 전략을 수립하면서 동시에 반도체 산업에 대한 의존도를 낮출 수 있는 새로운 성장 산업을 육성할 필요성이 있다. 그것이 바로 북한 경제 개발에 있다.

::03::
'중국 제조 2025'의 대공세와 한국 기업의 경쟁력 하락

중국은 2008년 글로벌 금융위기를 극복하기 위해 4조 위안의 경기부양책을 실시했다. 중국의 대규모 경기부양책은 국유 기업의 대대적인 투자로 연결됐고 이로 인해 국유 기업이 대규모 과잉 생산 능력을 보유하게 됐다.

중국은 국내 건설 사업만으로는 국유 기업의 대규모 과잉 생산 능력을 소화할 수 없음을 알고 이를 해결하고자 '일대일로' 전략을 추진하게 됐다.

2013년 중국은 일대일로 전략에 해당하는 개발도상국들의 인프라 프로젝트에 대규모 자금을 지원했다. 중국이 자금을 지원하는 일대일로 프로젝트의 경우 프로젝트와 계약을 한 업체의 89%가 중국 기업이었고 현지 기업은 7.6%에 불과했다. 일대일로에 따른 중국의 자본 수출은 중국 기업이 현지 기업보다 여러 특권을 누리는 구조로 중국 당국이 본래 내세웠던 공존공영의 취지와 달랐고 중국 기업이 이익을 독식하는 결과를 초래했다. 일대일로 전략은 과잉 생산 능력으로 어려움을 겪는 중국 기업에 새로운 수요를 창출하기 위한 것에 불과했다.[4]

2001년 미국의 도움을 받아 WTO(세계무역기구)에 가입한 중국은 해외 직접투자(FDI: Foreign Direct Investment) 유치를 통해 풍부한 값싼 노동력을 바탕으로 수출 제조업을 육성하면서 중국 경제와 무역은 폭발적으로 성장했다. 이후 중국은 저임금 기반의 단순 제조업으로 지속적인 성장이 어렵다고 판단하고 기술 혁신을 통한 첨단 제조업을 육성하기 위해 2015년 5월 '중국 제조 2025'를 공식적으로 발표했다.

'중국 제조 2025'는 기술 혁신을 통해 경제를 발전시켜 2025년까지 1단계로 제조 강국의 반열에 들어서고, 2035년까지 2단계로 독일과 일본의 제조업 수준에 이르는 목표를 달성하며 2049년까지 미국을 제치고 세계 최고의 제조업 강국으로 진입하겠다는 것이다. 이를 위한 10대 산업으로 '① 차세대 정보기술, ② 고기능 수치 제어 공작기계와 로봇, ③ 항공 우주 설비, ④ 해양공학, ⑤ 선진 철도 교통 설비, ⑥ 신에너지 자동차, ⑦ 전력 설비, ⑧ 농업 설비, ⑨ 신소재, ⑩ 바이오 의약 및 고성능 의료기기'를 선정했다.

이렇게 보면, '중국 제조 2025'는 해외에서 부품을 수입해 저임금 노동을 기반으로 하는 완제품을 가공·조립하는 기존 방식에서 탈피하면서 핵심 부품 등 중간재를 국산화해 자국 중심적인 생산체제를 구축하려는 새로운 국가 산업 전략이라고 평가할 수 있다.[5]

IMF(국제통화기금)에 따르면, 2013년에 이미 중국의 무역 규모가 미국을 추월했으며 2021년 중국의 무역 규모는 6조 달러로 미국(4조 7,000억 달러)과의 격차를 더 확대했다. 2018년부터 트럼프 행정부의 중국 수입품에 대한 고율의 관세 부과로 인해 미국 내 중국 수입 비중은 축소했지만 여타 다른 지역으로 중국은 수출을 확대했다. 2021년 중국 수출은 무려 2020년 대비 29.7% 증가한 3조 4,000억 달러를 기록해 미국(1조 8,000억 달러)과 거의 2배 수준이다.[6] 중국은 막대한 과잉 설비로 인해 다른 수출국 대비 범용 제품의 경쟁력은 압도적인 절대우위에 있다고 본다.

2020년 5월 '14차 5개년 계획'과 '2035 중장기 발전 전략'에서 중국 정부는 기술 혁신 기반의 산업구조 재편을 위해 2025년까지 R&D(연구 및 개발) 지출을 매년 7%씩 증액하기로 결정하고 인공지능, 양자컴퓨팅, 반도체, 뇌과학, 유전자 바이오 기술, 임상의학, 심해·극지·우주 관련 기술을 향후 집중적으로 육성할 분야로 선정했다.

중국 정부의 강력한 지원을 받는 중국 제조업체들은 엄청난 공급 과잉 설비를 보유하고 있어 한국 기업 대비 압도적인 가격우위를 갖고 있다. 예를 들어, 중국의 저가 전기차가 한국 내수 자동차 시장에 진출한다고 해보자. 한국 자동차업체만이 타격을 받는 것이 아니라 철강, 자동차용 IT업체 등 다양한 제조업체들까지 타격받을 수 있다. 최근 중국 기업이 한국 렌터카업체들을 인수하고 있는데 이를 통해 중국산 전기차를 한국 렌터카 시장에 도입하면서 한국 내수 자동차 시장에서 점유율을 확대하는 전략을 전개할 것으로 보인다.

일정 수준의 품질과 가격 경쟁력을 갖춘 중국 제품들이 한국 시장을 빠르게 잠식하고 있다. 한국의 대중국 수출은 2015년 1,371억 달러에서 2024년 1,330억 달러로 3%p 감소했지만, 대중국 수입은 같은 기간 동안 903억 달러에서 1,399억 달러로 55%p 급증했다. 1992년 한·중 수교 이후 1993년부터 2022년까지 대중국 무역수지가 흑자를 기록했지만, 2023년부터 적자로 전환했다.[7]

휴대폰, 가전, 자동차, 철강, 화학 등 다양한 업종의 중국 기업들은 세계 시장에서 한국 기업의 생존에 위협을 주고 있다. 따라서 한국 정부는 중국과 경쟁하고 있는 한국 기업의 새로운 성장

한국의 대중국 수출과 수입 추이

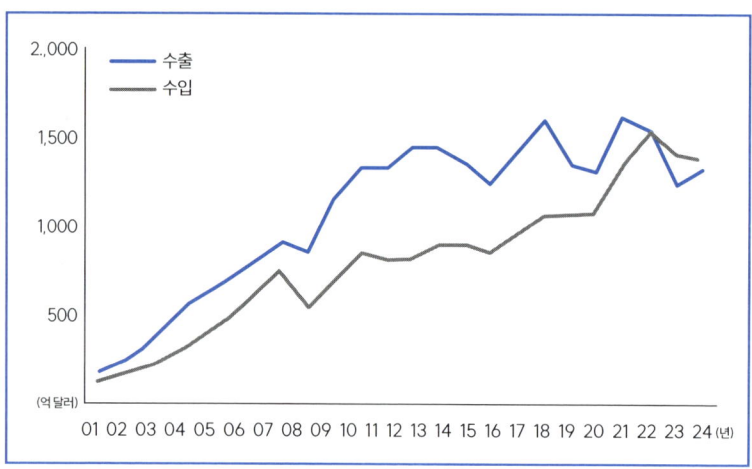

• 출처: 「K-Start 무역통계」(한국무역협회)

동력 확보를 위한 국가 전략을 수립하는 것이 그 어느 때보다 중요한 시점이다. 결국 한국 기업은 북한 경제 개발에 참여하는 수밖에 없다. 이를 통해 새로운 수요처를 찾을 수 있으며 북한에서 생산기지를 구축해 원가 경쟁력를 확보할 수 있다. 한국 기업이 북한 경제 개발을 통해 수출 경쟁력을 회복한다면 세계 시장에서 중국과의 경쟁에 전략적 우위를 확보할 수 있다.

:: 04 ::
성장 동력을 상실한 한국, 북한 경제 개발이 새로운 기회

2025년 한국 경제는 장기 침체의 늪에 빠지면서 희망이 없는 나라로 전락할 수 있는 위기에 직면해 있다. 과연 한국은 어디에서 새로운 돌파구를 찾을 것인가? 세계 최대의 인구를 가진 인도에서 희망을 찾을 것인가? 아니면 우리 바로 옆에 있는 북한에서 희망을 찾을 것인가?

2001년 중국, 2007년 베트남이 WTO(세계무역기구)에 가입하면서 투자 여건이 개선되자 수많은 한국 기업이 중국과 베트남에 진출해 큰 성과를 거뒀다. 그런데 최근 들어 이 국가들의 인건비, 부동산 등 각종 비용이 상승하면서 투자 여건이 악화하자 한국 기업은 중국과 베트남을 대체할 수 있는 새로운 생산기지를 모색하고 있다. 따라서 같은 민족국가인 북한에 새로운 기회가 열려 있다고 할 수 있겠다.

첫째, 북·미 관계가 정상화되고 남·북 관계가 회복된다면 한반도의 지정학적 리스크가 해소된다. 해외 투자자들은 중국과 베트남에 이은 새로운 투자처로 북한을 주목하면서 대북 사업을 추진하고 있는 한국 기업에 대한 투자를 확대할 가능성이 크다.

둘째, 중국, 베트남, 인도 등 개발도상국에 진출한 한국 기업은 새로운 대체 생산기지로서 북한 투자를 모색할 가능성이 크다. 포스트 차이나로 진출한 베트남, 인도와 비교해 북한의 인건비와 기술력이 월등히 좋아 생산기지로서 매력도가 높다. 특히 같은 언어를 사용하고 있는 북한 노동자의 생산성이 상대적으로 탁월하다.

한국과 북한의 새로운 분업구조가 구축된다면 북한은 소득 개선의 기회를 얻을 수 있다. 한국은 저출산·고령화의 한계를 극복할 수 있는 새로운 성장 동력을 확보할 수 있다. 중국과의 경쟁에서 어려움을 겪고 있는 철강과 화학 기업은 북한 인프라 개발에 따른 신규 철강과 화학 수요 창출로 인해 반전의 기회를 모색할 수 있다.

셋째, 한국은 북한, 러시아와 협력을 통해 유라시아 대륙과 연결되는 새로운 교통과 물류 네트워크 구축이 가능하다. 시베리아의 풍부한 자원이 시베리아횡단철도를 통해 신속하게 한국에 운반될 수 있다. 북극항로는 기존 말라카 해협과 수에즈 운하를 통과하는 항로 대비 30% 이상 거리가 짧아 물류에 일대 혁신을 일으킬 전망이다. 부산항은 북극항로의 핵심 물류 거점으로 부상하면서 부산과 경남 지역의 경제적 가치가 높아질 것이다.

북한 경제 개발은 한반도의 지정학적 리스크를 해소해 글로벌 자본시장에서 한국의 투자 매력도가 높아지게 해줄 것이며, 한국 기업은 북한이라는 새로운 생산기지와 물류 네트워크를 확보함으로써 성장의 한계를 돌파할 수 있게 된다. 중장기적으로 한국과 북한이 한반도 경제공동체로 발전된다면 한국은 미국, 중국, 독일, 일본, 인도에 이어 세계 6위 경제대국으로 도약할 수 있다.

∷ 05 ∷
'북한 경제 개발' 프로젝트의 엄청난 잠재력

　미국은 중국, 베트남과의 전쟁을 끝낸 후 이 나라들에 강력한 경제 제재를 단행했다. 결국 중국과 베트남은 경제적 어려움을 겪었다.

　중국과 베트남은 미국과 관계 정상화를 한 후에야 미국의 경제 제재를 해제할 수 있었고 그때부터 경제 개혁을 추진할 수 있었다. 따라서 북한도 미국과의 관계를 정상화부터 해야 한다. 그런 다음, 미국의 대북 경제 제재가 해제되면 북한은 본격적으로 경제 개발을 추진할 수 있을 것이다.

　1978년 12월 중국 덩샤오핑은 사회주의 계획 경제에서 개혁 개방체제로의 전환을 선언했다. 1979년 1월 미국과 외교 관계를 정상화한 중국은 '선전경제특구'를 지정하고 경제 발전을 추진했다.

1989년 천안문 사태와 동유럽 사회주의 국가 해체라는 대내외 위기를 극복한 덩샤오핑은 1992년 선전, 광저우 등 남부 도시를 순회한 '남순강화'를 통해 경제 개혁을 강화했다. 2001년 미국의 적극적인 지원으로 WTO에 가입한 중국은 이후 폭발적인 경제성장을 통해 세계 2위 경제 대국으로 도약했다.

1986년 '도이머이 경제 개혁'을 추진했던 베트남은 1995년 미국과 외교 관계를 정상화면서 경제가 본격적으로 성장했다. 2007년 WTO에 가입한 베트남은 삼성전자, 인텔 등 글로벌 IT 기업 유치를 통해 경제가 고도성장했다. 베트남의 GDP는 1990년 80억 달러에서 2023년 4,680억 달러로 58배 성장했다.[8]

2024년 말, 베트남의 누적 외국인 직접투자(FDI)는 5,028억 달러를 기록했다. 제조업과 가공 산업이 3,087억 달러로 60%를 차지했고, 부동산 732억 달러, 전력과 송전 사업이 419억 달러로 추산됐다. 삼성전자, LG전자, 효성 등 한국 대기업이 대규모 베트남 투자를 단행했다. 이로 인해 2024년까지 한국의 누적 투자는 920억 달러로 싱가포르, 일본, 대만, 홍콩을 제치고 제1위 베트남 투자 국가가 됐다.[9]

2025년 2월 유엔, 세계은행, 유럽연합(EU: European Union)은 우크라이나의 전쟁 재건과 복구에 향후 10년간 5,240억 달러가 소요될 것으로 추산했다. 재건 소요금액은 주택 부문 840억 달러, 운송 780억 달러, 에너지·채굴 680억 달러, 상업·산업 640억 달러, 농업 550억 달러로 예상했다.[10]

러·우 전쟁에서 우크라이나에 대한 지원을 주도한 미국과 유럽연합이 복구 사업을 독식할 가능성이 크다. 한국 기업은 우크라이나 재건 사업에 대한 수혜가 상대적으로 크지 않을 것이다. 반면, 북한 경제 개발의 경우 한국 기업이 주도할 수 있어 상대적 수혜가 클 것으로 예상해 볼 수 있다.

2011년 12월에 집권한 김정은 정권은 2013년 2월 제3차 핵실험과 3월 경제·핵 병진노선을 통해 권력을 강화했다. 이를 바탕으로 김정은 정권은 2013년 5월 '경제개발구법'을 제정하고 중앙급 10개와 지방급 19개 등 총 29개 경제개발구를 지정했다. 2016년부터 수차례 핵 실험과 대륙간탄도미사일(이하 'ICBM') 실험 강행으로 유엔의 대북 제재가 강화되면서 김정은 정권의 경제 개혁 프로그램인 경제 개발구 추진이 사실상 멈췄다.

과거 한국이 단독으로 북한과 추진했던 경제 협력은 북한의 핵·미사일 실험으로 인해 중단됐다. 북·미 외교 관계가 정상화되고 북한 핵 문제에 대한 해결책이 제시될 경우 한국 기업은 미국 투자자와 함께 북한 경제 개발 프로젝트를 추진할 수 있다. 북한 당국은 경제 개발에 필요한 대규모 교통과 에너지 인프라 등 사회간접자본을 구축하기 위해 한국과 해외 투자자로부터 대규모 투자를 유치할 것이다.

2014년 금융위원회는 북한의 2014년 1인당 GDP 1,251달러를 20년 후 10,000달러로 상향하기 위해서 약 5,000억 달러가 필요하다고 추정했다. 북한 내 주요 인프라 육성 투자에만 약 1,400억 달러가 소요된다고 추산했다. 여기에 필요한 개발 재원은 해외 공적개발원조(ODA: Official Development Assistance) 170억 달러, 한국 정책금융기관의 자금 2,500~3,000억 달러, 민간 투자자금 1,072~1,865억 달러가 필요하다고 분석했다.[11]

베트남 경제성장 초기조건과 비교해 보면, 북한의 경우 지리적 강점을 바탕으로 노동력, 기술, 산업 인프라 등이 상대적으로 좋다고 볼 수 있다. 특히, 같은 언어를 사용하고 있는 북한에서 한국 기업이 사업을 한다면 중국과 베트남에서 사업하는 경우와 비교해 노동생산성이 탁월해질 것이다.

한국을 포함한 다국적 기업들이 개성공단, 나선경제무역지대, 와우도수출가공구 등 경제개발구에서 사업을 빠르게 추진할 수 있다. 또한, 북한은 2025년에 완공한 원산·갈마 해안관광지구에 대규모 관광객 유치가 가능하다. 게다가 일본으로부터 받을 식민지 배상금으로 초기 인프라 구축에 필요한 자금을 마련할 수 있다.

제2의 베트남이라고 할 정도로 경제가 폭발적으로 성장할 수 있는 잠재력을 보유하고 있는 북한이 국경을 접하고 있는 한국, 중국, 러시아와 경제적 협력을 맺기만 한다면 빠른 속도로 경제개발을 추진할 수 있을 것이다.

:: 06 ::
'코리아 디스카운트'로 미국 주식에 열광하는 한국 투자자

지난 60년 동안 '한강의 기적'이라고 불리는 놀라운 속도로 성장한 한국은 세계 10대 경제 강국의 반열에 올랐다. 반도체, 이차 전지, 바이오, 자동차, 조선, 철강, 건설 등 세계 최고의 산업 경쟁력을 자랑하고 있으며 삼성전자, SK하이닉스, 현대자동차, 한화에어로스페이스, 포스코 등 글로벌 기업이 즐비하다. 그러나 상장 기업의 밸류에이션(가치)은 주요국보다 저평가를 받고 있다.

'코리아 디스카운트(Korea discount)'는 상장 기업 주식의 가치 평가 수준이 주요 국가의 상장 기업보다 낮게 거래되고 있음을 의미한다. 2023년 말 기준, 10년 평균 주요 국가 PBR(주가순자산비율)*에서 한국은 1.04배로 미국 3.64배, 중국 1.5배, 일본

---

* PBR(Price-To-Book Ratio)은 주가를 주당 순자산(주당 장부가치)으로 나눈 값이다. PBR이 1 미만일 경우 기업의 시장 가치가 장부상 순자산가치(청산가치)보다 낮게 거래됨을 의미한다.

1.4배, 대만 2.07배, 신흥국 평균 1.58배 대비 낮다. 2023년 말 기준 10년 평균 주요 국가 PER(주가수익비율)*에서 한국은 14.16배로 미국 21.78배, 일본 16.86배, 대만 15.95배, 신흥국 평균 14.32배 대비 낮다.12 이는 한국 주식 시장의 취약성을 상징하는 것으로 이를 해결하지 않고서는 한국 자본 시장의 선진화를 달성할 수 없다.

코리아 디스카운트의 주요한 원인은 취약한 지배구조, 낮은 배당률, 낮은 자기자본이익률(ROE)**, 성장의 정체, 지정학적 리스크 등을 들 수 있다.

첫째, 대주주 중심의 폐쇄적인 지배구조로 인해 중복 상장 등 전횡이 자주 일어나고 있다. 이는 기업의 신뢰도를 상실시켜 투자자들이 한국 주식을 외면하게 만든다.

둘째, 낮은 주주 환원정책으로, 많은 한국 기업은 돈을 많이 벌어도 배당이나 자사주 매입과 소각 등 주주에게 이익을 돌려주는 것에 대해서 소극적이다.

셋째, 2023년 말 기준 10년 평균 한국 상장 기업의 자기자본비율은 8%로 미국 14.9%, 중국 9.3%, 일본 8.3%, 인도 13.8%

---

* PER(Price-To-Earning Ratio)은 주가를 주당 순이익(순이익÷총발행 주식 수)으로 나눈 값이다. 같은 산업 내에서 기업의 PER이 낮으면 저평가, 높으면 고평가를 받았다고 평가한다.

** 자기자본이익률(ROE: Return on Equity)은 기업이 자기자본을 얼마나 효율적으로 활용해 이익을 창출하는지를 나타내는 지표다.

대비 낮다.13

넷째, 지정학적 리스크(Geopolitical risk)로, 세계 유일의 분단 국가로서 북한과 군사적으로 대치하고 있으며 북한의 핵과 미사일 능력 고도화 때문에 외국인 투자자가 장기적으로 투자하기가 불안하다는 것을 의미한다.

최근 연구에서는 코리아 디스카운트의 주요한 원인으로 한국 주식 시장에 성장 잠재력이 떨어지는 기업이 많다는 점이 대두되고 있다. 한국 주식 시장을 보면, 공격적인 투자에 나서는 성장 기업보다는 오랜 역사와 안정적인 투자를 선호하는 기업이 많아 PBR이 낮다고 분석했다.14 여기에 북한과의 군사적 대결 국면, 핵 문제로 인해 주식 시장의 변동성이 크다는 점도 지적되고 있다.

2025년 9월 19일 기준 한국 코스피 지수는 3,445.24로 5년 전 대비 51.19% 상승했다. 같은 기간 일본 닛케이 지수는 45,045.81로 94.12% 상승했고, 미국 나스닥 지수는 22,631.48로 109.68% 상승했다. 코스피 지수의 수익률이 일본 닛케이 지수와 미국 나스닥 지수 상승률보다 상당히 낮았다는 점이 코리아 디스카운트를 설명한다고 할 수 있다.

한국 주식 시장의 후진성에 실망한 국내 투자자들은 미국 주식을 집중적으로 매수하고 있다. 미국 주식 보관금액은 2020년

- 주: 2021년 8월 21일 기준 _ 코스피 2,304.6, 닛케이 22,920.3, 나스닥 11,311.8
- 출처: 구글 금융(2025년 9월 19일 기준)

1월 91억 달러(12조 8,000억 원)에서 2025년 9월 1,346억 달러(188조 원)로 14.7배 급증했다. 미국 주식 시장에 대한 고평가 논란 속에서도 2025년 1월 1,137억 달러 대비 18.4% 증가했다. 4월 4조 6,000억 원을 순매수했던 국내 개인투자자들은 5월 3조 4,000억 원, 6월 6,000억 원, 7월 7조 7,000억 원어치 국내 주식을 매도하고 미국 암호화폐 관련 기업의 주식을 집중적으로 매수하고 있다.

• 출처: 세이브로(www.seibro.or.kr)

:: 07 ::
북한 경제 개발, '컴백 코리아'와 '코스피 5,000시대'를 견인

대통령 선거 기간이었던 2025년 5월 이재명 후보는 '코스피 5,000'을 핵심 경제 공약으로 내세웠고 외국인 투자자들은 '바이 코리아'에 나섰다. 이후 이재명 정부 출범 이후 코스피 강세가 지속하고 있다.

2012년 아베 정권의 적극적인 통화정책*과 미·중 패권 경쟁에 따른 수혜** 기대감으로 일본 닛케이(Nikkei) 지수는 최고치인 1989년 12월 29일 38,915***를 돌파했고 2025년 9월 19일에는 사상 최고가인 45,045.89를 기록했다.

---

* 일본은행이 국채와 민간 채권을 대량 매입해 유동성을 공급하고 엔화 약세를 유도하는 정책.

** 미국 투자자들은 트럼프 1기 행정부 때 중국과의 무역 전쟁을 확인하고 중국 주식 숏(매도), 일본 주식 롱(매수) 전략을 펼쳤다.

*** 1985년부터 1989년까지 닛케이 지수는 연평균 30% 상승했다.

닛케이 지수 추이

- 주: 12,666.89(1985년 9월 20일) → 45,045.89(2025년 9월 19일)
- 출처: 구글 금융(2025년 9월 19일 기준)

2025년 9월 19일 코스피 평균 PBR은 1.15배다. 업종 지수별 PBR은 제약 3.08배, 기계장비(방산 포함) 2.98배, 일반 서비스 2.14배, 전기·전자 1.64배로 코스피 평균 PBR을 상회했다. 그러나 중국과의 경쟁에서 밀리고 있는 전통적인 굴뚝 산업인 제조업의 기업 가치는 심각하게 저평가를 받고 있다. 전기·가스 0.48배, 비금속 0.5배, 금속 0.68배, 건설 0.63배, 섬유·의류 0.62배, 유통 0.7배, 화학 0.73배다.

최근 출범한 이재명 정부는 '코스피 5,000시대' 도약 계획을 공개했다. 3가지 과제로 '① 주주 가치 중심 기업 경영 문화 확산, ② 공정·투명한 시장 질서 확립, ③ 증시 수요 기반 확충 및 자금 선순환 기반 조성'을 제시했다. 주주 충실 의무 등 상법 개정, 자사주 원칙적 소각 제도화, 불공정 거래에 대한 엄격한 제재, 해외 자본 유입 및 연기금 투자 확대 등이다. 그러나 좀 더 근본적인 해결책은 한국 기업의 성장 잠재력을 높이고 한반도의 지정학적 리스크를 해결하는 것에 달려 있다.

북·미 관계의 정상화가 진행된다면 한반도의 지정학적 리스크는 크게 완화될 전망이다. 여기에 이재명 정부가 남북 관계에서 돌파구를 찾아 한국 기업이 북한 경제 개발에 참여하게 된다면 기업의 이익이 증가할 수 있다. 국내외 투자자들은 북한 경제 개발에서 수혜를 입고 있는 한국 기업 주식을 집중적으로 매수할 것이다. 이렇게 된다면 한국 주식 시장의 가치가 상승하면서 일본 닛케이 지수와 유사한 수준의 가치를 받을 수 있다.

북한 투자 1단계가 진행되면 개성공단에 진출하는 섬유·의류업체, 인프라 투자에 따른 건설과 화학업체, 자원 개발에 따른 전기·가스·비금속·금속 관련 업체 등이 수혜를 입으면서 기업 가치가 재평가를 받을 것으로 전망한다.

2단계 북한 투자가 진행되면 삼성전자와 현대차가 북한 경제 개발구에서 성장 기회를 찾을 수 있을 것이다. 북한 은정첨단기술개발구에서 소프트웨어 사업의 시너지 효과로 인해 IT 소프트웨어업종의 수혜도 기대된다. 또한, 한·러 가스관 사업과 북극항로 개척이 본격화되면 에너지와 해운업종의 기업 가치가 상승할 수 있다.

미국 트럼프 대통령과 김정은 위원장이 새로운 북·미 관계 설정을 통해 평양에 미국 대사관을, 워싱턴에 북한 대사관을 개설하면 월가의 투자자들은 새로운 성장 잠재력을 확보할 수 있는 한국 기업의 주식에 대한 투자를 확대할 것이다. 미국 주식으로 탈출한 서학 개미의 188조 원 자금의 10~20%만이라도 한국으로 유턴하게 된다면 '코스피 5,000시대'가 활짝 열릴 수 있다. 코스피 5,000의 PBR은 약 1.6배 수준으로 2025년 8월 일본 닛케이 1.6배와 유사한 수준이며 신흥국 평균 1.8배, 대만 2.4배보다도 낮아 실현 가능한 주가 지수다.

*

2015년부터 서울 아파트 가격이 폭등하면서 좌절한 젊은 세대는 결혼하지 않거나 결혼을 해도 아이를 갖지 않는 경우가 많다. 한국 최대 무역수지 흑자를 기록하고 있는 메모리 반도체 산업이 흔들리고 있으며 중국 기업의 약진으로 한국 기업의 경쟁력이 하락하고 있다. 장기 침체의 늪에 빠진 한국이 희망이 없는 나라로 전락할 수 있는 위기에 직면해 있는 것이다. 과연 한국은 어디서 어떻게 새로운 돌파구를 찾을 것인가? 바로 북한에 기회가 있다.

미국은 전쟁에서 치열하게 싸웠던 중국, 베트남과 관계를 정상화했다. 지금 트럼프 대통령은 김정은 위원장과 새로운 북·미 관계를 모색하고 있다. 조만간 한반도에 큰 지각 변동이 일어날 전망이다.

트럼프 타워가 북한 평양에 들어선다면 미국과 유럽 투자자가 한반도에 몰려들 것이다. 이를 통해 코리아 디스카운트의 주요한 원인인 지정학적 리스크가 해소된다면 세계에서 가장 저평가 받고 있는 한국 주식 시장의 가치는 상승할 것이다.

'월가 거장' 짐 로저스, 전 재산을 북한에 투자하고 싶다

 워런 버핏, 조지 소로스와 함께 월가 투자의 거장으로 불리는 짐 로저스*는 북한 나선(나진·선봉)경제무역지대를 다녀온 후 2014년 9월 한 방송사와의 인터뷰에서 "통일된 한국은 향후 10~20년간 전 세계에서 가장 흥미진진한 나라가 될 것이며 빠르게 성장해 경제 강국이 될 것입니다. 마치 1980년대 중국과 같은 모습이 펼쳐질 것입니다. 할 수만 있다면 북한에 전 재산을 투자하고 싶습니다. 미국인이라 투자가 불법이라 아쉽습니다"라고 말했다.15

---

* 짐 로저스는 1969년 조지 소로스와 투자회사 '퀀텀펀드'를 공동 설립했고 1970년부터 약 10년 동안 4,200%라는 경이적인 수익률을 기록하면서 월가의 전설로 불렸다. 특히 1989년 중국 천안문 사태로 서방 투자자가 떠날 때 그는 중국에 투자하라고 역설했다. 베트남 참전용사였던 그는 베트남의 잠재력에도 주목했다.

트럼프 대통령이 2017년 7월 북한의 '화성-14형' ICBM 시험 발사에 대해 '화염과 분노'를 표현하면서 북·미 관계가 최악의 상황에 직면했었다. 이런 와중에 짐 로저스는 2017년 8월 11일 KBS에 출연해 한국은 극심한 가계 부채와 소득 불균형 등으로 매우 위험한 상황이 있다고 봤다. 과거 한국은 대단히 역동적인 나라였지만 소수 재벌에게 자본과 권력이 집중돼 관료적·폐쇄적인 경제구조가 됐다고 진단하고 "한국은 더 이상 투자 매력이 없는 나라다"라고 비판했다.16

그러나 2018년 6월 제1차 북·미 정상회담이 싱가포르에서 열리자 짐 로저스의 입장이 완전히 전환됐다. 그는 한반도가 향후 20년간 세계에서 가장 흥미진진한 투자처가 될 것이라고 보면서 한국을 투자 배제 대상에서 미래의 투자처로 강조했다. 2024년 말에 출간한 《2030년 돈의 세계지도》에서 한국은 '첫째, 강대국이 될 수 있을 정도의 충분한 인구가 있지 않으며, 둘째, 인구가 증가하지 않고, 셋째, 국경이 닫혀있다'는 이유로 '10년 안에 저무는 나라'로 꼽았다. 그는 "한국이 강대국이 되기 위해서는 38선을 열고 북한과 교류해야 한다. 남북한은 국경을 열어 무역도 하고, 관광 산업도 발전시켜야 한다. 제조업과 금융이 강한 남한과 높은 교육 수준에 저렴한 노동력을 가진 북한이 만나면 강대국이 될 수 있을 것이다"라고 주장했다.17

북·미 관계 개선으로 한반도의 지정학적 리스크가 해소되면 북한과의 군사적 대치에 따른 투자 불안감이 완화되면서 세계의 돈이 미국에 몰린 것처럼 한국 주식 시장에 몰려들어 K-주식 열풍이 불 수 있다.

북한 경제 개발이 본격화되면 그동안 저평가에 갇혀 있는 자동차, 철강, 건설, 화학, 에너지, 섬유·의류업종의 주가가 상승할 수 있다. 또한, 미국과 유럽의 대형 연기금 펀드들은 북한 수혜를 기대할 수 있는 한국 섹터 ETF(상장지수펀드)를 집중적으로 매수할 가능성이 크다. 전 세계의 투자가 한반도에 몰리는 것이다.

통일의 효과로
독일 GDP가 일본을 추월했다

1945년 8월 제2차 세계대전의 패전국이었던 독일과 일본의 경제는 붕괴됐다. 그러나 미국과 소련의 냉전이 본격화되면서 미국의 유럽 부흥 계획인 '마샬 플랜' 덕분에 분단된 서독 경제가 부활했다.

일본은 한국 전쟁 특수로 경제가 부활하면서 서독보다도 빠른 경제성장으로 인해 세계 2위 경제대국으로 올라섰다. 미·소 냉전의 최대 수혜국이었다.

1990년 10월 독일 통일 직전인 1989년 서독의 GDP는 1조 4,000억 달러로 일본 3조 1,000억 달러의 45% 수준이었다. 1990년대 독일은 통일 후유증으로 인한 높은 실업률과 통일 비용 부담으로 '유럽의 병자'라고 불렸다. 그러나 1999년 유럽연합(EU) 출범을 통해 동독 지역의 혁신 클러스터 구축 등 통일 경

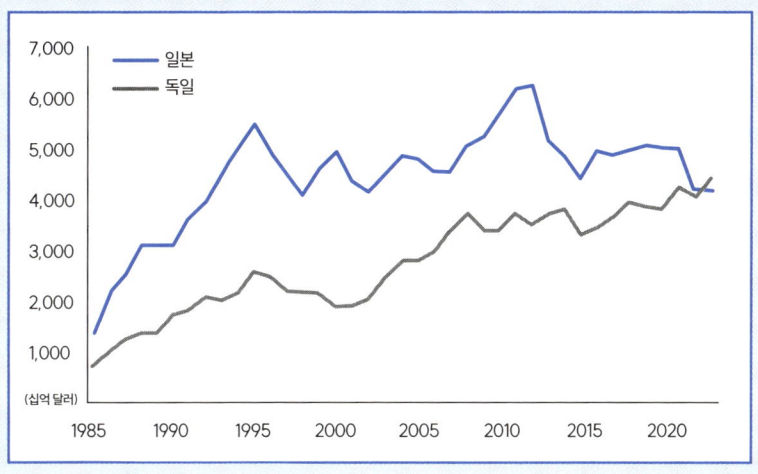

• 출처: 「국제·북한 통계」(국가통계포털)

제 시너지 효과를 발휘하면서부터 꾸준히 성장했다. 2023년 독일 GDP는 4조 5,000억 달러로 일본 4조 2,000억 달러를 추월해 중국에 이어 세계 3위 경제대국으로 올라섰다.

독일의 대표 주가 지수인 닥스(DAX) 지수는 1988년 7월 1일 1,163.52에서 2025년 9월 19일 23,639.41로 1,931.71% 상승했다. 일본 닛케이 지수는 1985년 12,691.4에서 2025년 9월 19일 45,045.81로 255.62% 상승에 그쳤다. 무슨 이유로 독일 닥스 지수와 일본 닛케이 지수 간의 지수 수익률의 차이가 크게 났을까?

독일은 탈냉전 시기 이후 통일을 통해 동독 지역에서의 혁신

닥스 지수와 닛케이 지수 간 상대 지수 추이

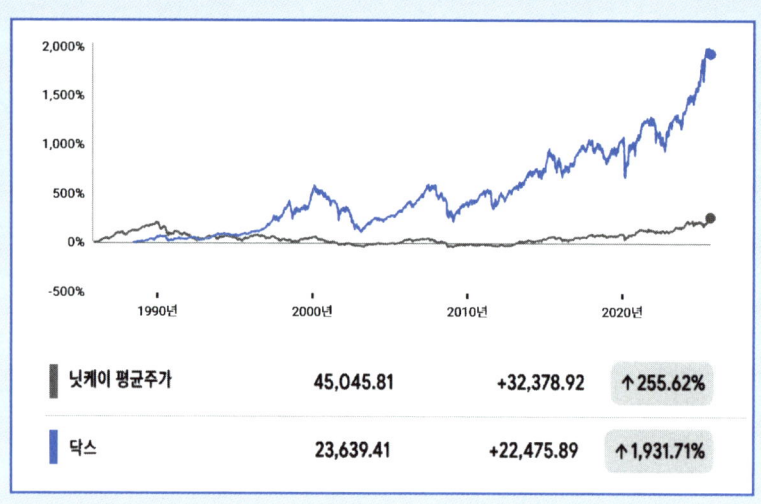

- 출처: 구글 금융(2025년 9월 19일 기준)

주도형 경제구조를 구축하면서 독일 기업의 경쟁력이 개선됐다. 반면, 일본은 정치 부패와 관료적인 기업 문화로 인해 기업의 경쟁력이 하락했기 때문이다.

 1985년 9월 22일 미국, 일본, 서독, 프랑스, 영국이 플라자 협정을 체결하면서 일본 엔화와 서독 마르크의 평가 절상을 결정했다. 이후 일본 기업은 기술 개발 등 펀더멘털(Fundamental) 개선보다는 고평가된 엔화를 이용해 국내 부동산과 해외 자산 매입에 집중했다. 또한, 미국 기업과 부동산 구매에 나섰다. 1989년 소니는 컬럼비아 영화사를 인수했고 미쓰비시는 15억 달러에 록펠러센터를 매입했다.*

1987년 도쿄의 상업용 부동산 공시지가가 전년 대비 48.2% 상승했고 1988년에는 61.1%나 급등했다. 일본 중앙은행인 일본은행(BOJ)이 부동산 급등을 억제하기 위해 1989년 5월부터 5차례 기준금리를 인상하자 버블 붕괴가 시작됐다. 이후 일본의 부동산은 급락하면서 막대한 상업용 부동산을 보유했던 기업들의 도산이 증가했다.

1997년 일본 4대 증권사 중 하나인 야마이치증권이 자진 폐업했다. 1998년 일본장기신용은행과 일본채권신용은행이 잇달아 파산 신청을 했다. 여기에 도호생명 등 생명보험사들의 파산이 이어지면서 금융 시스템이 위기에 직면했다. 문제는 일본 정부가 이를 해결하는 데 10년 이상의 시간을 보내면서 일본 경제가 장기 침체에 빠졌다는 점이다. 닛케이 지수는 1989년 12월 3만 8,000대 수준에서 2012년 8,500대 수준까지 장기 하락국면에 빠졌다.

2012년 10월 아베 총리는 디플레이션 탈출과 경제 활성화를 위해 아베노믹스 경제정책을 추진하면서 엔화 약세와 대규모 양

---

* 1989년 10월 31일 〈뉴욕타임스〉는 「일본인, 뉴욕의 상징을 사다」라는 제목의 기사를 실었다. 일본의 미국 부동산 매입은 미국인에게 충격을 줬다. 미 의회에서는 일본 자본의 투자를 규제해야 한다는 목소리가 컸다. 이후 미쓰비시는 임대 수입 저조로 1995년 9억 달러에 매각했다.

적 완화정책을 단행했다. 일본은행의 마이너스 기준금리와 엔화 약세정책으로 일본 수출 기업의 실적은 개선됐다. 특히 일본은행이 일본 기업의 주식을 매수하자 일본 닛케이 지수가 반등했다. 다만, 아베노믹스로 인해 일본 국가 부채는 폭발적으로 증가해 시한폭탄과 같은 리스크가 됐다.

서독은 1990년 10월 독일 통일을 선포하고 수도를 본에서 베를린으로 단계적으로 이전했다. 통일 독일은 동독 지역의 경제 재건에 막대한 재정을 투입하면서 통일 후유증을 경험했다. 그러나 독일 기업의 주가 성과는 통일 재건 사업에 따른 수혜로 상대적으로 좋았다.

1999년 유럽연합 출범으로 고평가된 마르크화에서 상대적으로 저평가된 유로화로 전환되면서 독일 제조업 경쟁력이 회복됐다. 동독 지역의 인프라 개선, 혁신 클러스터 산업정책, 노동 개혁 등 통일 경제의 시너지 효과가 발휘되면서 독일 닥스 지수는 장기 성장 추세를 보여주고 있다. 2022년 2월 러·우 전쟁으로 독일 경제가 마이너스 성장이라는 어려움을 겪고 있지만, 독일의 국가 부채*가 낮고 독일의 국방비 확대라는 기대감으로 최근 들어 닥스 지수의 강세가 지속하고 있다.

---

* 2025년 독일 GDP 대비 정부 부채 비율은 60%대 초반 수준으로 주요 선진국 중에서도 낮은 수준으로 독일 국채의 안정성 때문에 금리 변동성도 낮다.

2장

피스메이커 트럼프 대통령, 북·미 관계 정상화를 원한다

2008년 글로벌 금융위기 이후 미국의 상대적 쇠퇴와 중국의 부상에 두려움을 느낀 미국은 2011년 '아시아로의 회귀(Pivot to Asia)'라는 재균형 전략을 통해 중국을 견제하기 시작했다. 중국은 '중국몽(中國夢)'을 국가 목표로 제시하면서 위대한 중화민족의 부흥을 강조했다. 이러한 미·중 패권 경쟁 격화로 북한의 지정학적 중요성이 강조되고 있다.

1945년 8월 해방 이후 북한과 중국의 관계는 협력과 갈등이 교차해 왔다. 중국의 북한에 대한 영향력 확대를 경계하고 있는 김정은 정권은 주한미군이 한반도에 주둔하는 것이 전략적 이익이라고 인식하고 있다. 김정은 정권은 2차례 북·미 정상회담을 통해 미국과의 관계 정상화를 모색했지만, 양국의 의견 차이로 타결에 실패했다. 2021년 집권한 바이든 행정부는 러·우 전쟁에 집중했고 북한에 대해서는 오바마 행정부의 '전략적 인내'라는 전략을 답습했다. 바이든 행정부의 방치 속에서 북한의 핵·미사일 능력이 한층 고도화됐다.

북한은 2024년 6월 러시아와 군사 동맹을 복원하면서 러시아의 도움을 받아 좀 더 유리한 입장에서 미국과의 핵 협상을 추진할 전망이다. 트럼프 대통령은 취임 초부터 북한을 'Nuclear Power'로 여러 번 언급하고 김정은 위원장과 좋은 사이라는 점을 강조했다.

2025년 8월 25일 한·미 정상회담에서 이재명 대통령은 트럼프 대통령에게 김정은 위원장과의 만남을 제안했고 트럼프 대통령도 올해 안에 만나고 싶다고 밝혔다. 예상보다 빨리 북·미 관계가 정상화될 전망이며 동시에 일본도 북한과의 관계 정상화를 추진할 가능성도 크다.

앞으로 이러한 흐름이 펼쳐질 것으로 보이는데 이러한 흐름을 잘 파악하기 위해서는 과거 역사는 어땠는지부터 알아야 한다.

::01::
미·중 패권 경쟁, 북한의 지정학적 가치가 중요해졌다

1989년 11월 베를린 장벽이 무너졌고 1990년 9월 소련은 한국과 외교 관계를 정상화했다. 소련과 전략 무기 감축 협정(START)을 체결한 미국은 1991년 한국에 배치된 전술 핵무기를 철수했고 남북한은 한반도 비핵화 선언을 했다.

1992년 1월 북·미 고위급 회담에서 북한은 주한미군 인정과 북·미 관계 정상화를 제안했다. 그러나 당시 노태우 정부의 반대로 미국은 북한의 제안을 거절했다.18 1992년 8월 한·중 수교로 외교적 고립과 생존의 위협을 느낀 북한은 핵 개발을 본격적으로 추진했다.

1991년 탈냉전으로 세계 패권을 장악한 미국은 신자유주의정책을 추진했다. 이에 미국의 금융과 서비스 산업 경쟁력은 강화됐지만 제조업 경쟁력은 하락했다. 2003년 제2차 이라크 전쟁으로 인한 국방비 증가로 국가 부채가 2002년 말 6조 4,000억 달러에서 2007년 말 9조 2,000억 달러로 급증했다.[19] 여기에 월가에서 판매한 서브프라임 모기지 대출이 부실화되면서 2008년 미국발 금융위기가 글로벌 금융위기로 확산했다.

중국은 미국의 도움으로 2001년 WTO에 가입하고 제조업을 육성하면서 경제가 폭발적으로 성장했다. 2010년 중국 GDP는 6조 1,000억 달러로 일본 5조 8,000억 달러를 추월해 세계 2위 경제대국으로 올라섰다.[20] 이때부터 중국은 국력에 합당한 국가적 위상을 찾기 시작했다.

2010년 1월 남중국해를 '핵심 이익'으로 규정하는 배타적인 권리를 선언했다. 2010년 9월 동중국해 분쟁 지역인 댜오위다오(일본명 센카쿠 열도) 수역에서 일본 해상 보안청 순시선과 중국 어선이 충돌하는 사건이 발생하자 중국 당국은 희토류 수출 중단이라는 경제 제재를 통해 일본에 강경하게 대응했다.

미국의 상대적 쇠퇴와 중국의 부상에 두려움을 느낀 오바마 행정부는 2011년 12월 이라크에서 철군했다. 그리고 '아시아로의 회귀(Pivot to Asia)'라는 재균형 전략을 통해 중국을 견제하기 시작했다. 2012년 11월 제18차 당 대회에서 총서기로 선출된 시진핑은 '중국몽(中國夢)'을 국가 목표로 제시하면서 위대한 중화민족의 부흥을 강조했다.

중국은 '신형 대국 관계'를 통해 미·중 관계를 새롭게 정립하고 '일대일로'를 통해 중앙아시아, 아프리카에서 정치 및 경제적 영향력을 확대하고자 했다. 시진핑 정권은 '중국 제조 2025' 전략을 통해 인공지능, 반도체, 전기차, 태양광 등 첨단 산업을 육성하고 있다. 이를 통해 중국은 건국 100주년인 2049년에 미국을 제치고 세계 최강 제조업 강국으로 도약하겠다는 것이다.

미국의 상대적 쇠퇴와 중국의 부상이라는 국제 정치체제의 구조적 변화로 인해 1972년부터 형성된 미·중 간 우호적 관계가 갈등적 관계로 전환됐다. 그러면서 북한에 대한 인식이 달라졌다. 중국은 북한이 미국과 직접 대결을 막아주는 전략적 완충지대라는 지정학적 중요성을 인식했다. 미국은 북한과의 관계 개선을 통해 한반도의 군사적 긴장을 낮춤으로써 중국의 대만 침공을 억제할 수 있다고 판단했다. 이러한 북한의 지정학적 중요성을 인식한 김정은 정권은 미·중 패권 경쟁을 활용해 미국으로부터 체제의 안전 보장과 대북 경제 제재 해제를 추진했다.

2018년 6월 북한의 제1차 북·미 정상회담 추진은 모든 영역에서 미국과 충돌하고 있었던 중국 시진핑 정권을 자극했다. 중국 시진핑 주석은 집권 이후 처음으로 2018년 3월 북·중 정상회담을 열었다. 2018년부터 2019년 6월까지 김정은 위원장은 트럼프 대통령과 2차례 정상회담을 했고 시진핑 주석과 5차례 정상회담을 했다. 북한은 북·미 정상회담을 지렛대로 활용해 중국과의 관계를 개선하는 전략을 추구했다. 이는 북한의 전통적인 외교 전략인 등거리 외교 혹은 시계추 외교의 복원이라고 볼 수 있다.

김정은 정권은 미·중 패권 경쟁을 기회로 활용해 미국과의 관계 정상화를 추진하고 중국과는 우호적 관계를 유지하면서 경제적 이익을 확보하려는 이중 외교 전략을 추진하고 있다. 제이비어 브런슨 주한미군사령관은 한반도 위치가 지리적으로 중요하다고 강조하면서 일본과 중국 본토 사이에 떠 있는 섬 혹은 고정된 항공모함이라고 평가했다. 또한, 주한미군은 동아시아에서 중국의 군사적 팽창을 억제하면서 미국의 지도부에 북한, 중국, 러시아의 전략에 유연하게 대응할 수 있는 다양한 선택지를 제공하고 있다고 주장했다.[21]

::02::
주한미군이 필요하다고 인식한 김정은 위원장

　1931년 9월 일본 관동군은 만주사변을 통해 만주 전역을 점령하고 괴뢰정권인 만주국을 수립했다. 일본은 조선인과 중국인의 항일 유격 활동을 무력화하기 위해 간도에서 조선인 자치를 내세운 '민생단'을 조직했다. 중국 공산당은 민생단에 연루됐다고 의심된 수많은 무고한 조선인을 처형했고 이 과정에서 김일성 주석도 목숨을 잃을 위기에 처하기도 했다. 북한 정권 수립 후 김일성 주석은 민생단 사건으로 인한 조선인의 상처를 자주 언급했다.[22]

　1950년 9월 15일, 맥아더 장군의 인천 상륙 작전 성공으로 전세가 역전되어 위기에 몰린 김일성 주석은 마오쩌둥 주석에게 중국군의 파병을 요청했다. 마오쩌둥은 순망치한을 내세워 중국 인민지원군 파병을 결정했다. 그렇게 중국군의 도움을 받은 김일성 주석은 1953년 7월 휴전을 통해 정권을 유지했다.

1956년 중국 공산당과 관계가 깊은 연안파가 소련파와 손잡고 김일성 주석의 제거를 시도했지만 김일성 주석의 빨치산 계파가 연안파와 소련파를 제거하고 김일성 독재체제를 구축했다. 이후 김일성 주석은 중국의 영향력을 제거하기 위해 북한에 주둔하고 있었던 중국군의 철수를 강력하게 요구했고 1958년 10월 중국군은 북한에서 철수했다.

1966년 중국 문화 대혁명 시기 이후 북·중 관계가 소원해졌지만 1976년 마오쩌둥 주석 사후에 관계가 회복됐다. 1992년 8월 북한의 반대에도 불구하고 중국은 한국과 외교 관계를 정상화했다. 1995년 대기근으로 인한 '고난의 행군' 시기에 중국이 북한에 식량과 에너지를 지원하자 북·중 관계가 다소 회복됐다.

2002년 북한 전체 무역 규모 23억 달러 가운데 대중국 무역은 7억 4,000만 달러로 33% 수준이었다. 2006년 북한의 핵 실험에 대한 국제사회의 제재로 대중국 의존도가 높아졌고 2013년에는 89%까지 올라가면서 이때부터 경제적으로 사실상 중국에 예속됐다고 볼 수 있다. 최근 2023년에는 무려 98%까지 높아졌다.[23]

2011년 12월에 집권한 김정은 정권은 2013년 12월 중국과 가까웠던 고모부 장성택을 처형했다. 그리고 중국의 정치적 영향력을 제거하기 위해 2017년 2월 중국 당국의 보호를 받고 있던 큰형 김정남을 암살했다.

북한 내부에는 '일본은 100년의 적, 중국은 1000년의 적'이라는 말이 있다.[24] 북한은 중국의 영향력 확대에 대해 항상 경계하고 있다. 마이크 폼페이오 전 미 국무장관은 자신의 자서전에서 김정은 위원장이 '중국으로부터 북한을 보호하기 위해 주한미군이 필요하지만, 중국은 한반도를 티베트와 신장처럼 대할 수 있도록 미군이 떠나길 바란다'라고 말했다고 회고했다.[25] 김정은 위원장은 중국을 견제하고 있는 주한미군의 한반도 주둔이 전략적 이익이라고 인식하고 있다.

::03::
제1차 북·미 정상회담과
북·미 관계 정상화 의지

　2006년 10월 제1차 핵 실험을 단행한 김정일 정권은 6자회담(한국, 북한, 미국, 중국, 일본, 러시아)을 통해 핵 시설 불능화에 동의했다. 이에 북한은 2008년 6월 1단계로 영변 원자로의 냉각탑을 폭파했다. 그러나 뇌졸중으로 쓰러진 김정일 국방위원장은 핵 시설 불능화를 포기하고 핵 능력 강화를 통해 안정적인 후계 구도의 구축에 집중했다. 김정일 정권은 2009년 5월 제2차 핵 실험과 2010년 3월 천안함 폭침을 통한 대외 위기 조성 전략을 추진하고 김정은을 후계자로 공식화했다.

　2010년 12월에 북아프리카, 중동에서 펼쳐진 민주화 운동인 '아랍의 봄'이 확산했고 핵을 포기한 리비아의 무아마르 알 카다피 대통령이 2011년 10월 피살됐다. 2011년 12월에 김정일 국방위원장이 사망한 후 집권한 김정은 위원장은 핵과 미사일 활동 중단 등을 포함한 미국과의 2.29 합의를 파기하고 2013년 제3차 핵 실험을 단행했다. 이는 미국 오바마 행정부와 막 집권한 중국 시진핑 정권을 자극했다.

중국 시진핑 주석은 2014년 7월 북한보다도 먼저 한국을 방문했고 2015년 9월 박근혜 대통령은 중국 전승절에 참석했다. 2015년 7월 오바마 행정부는 이란과 핵 합의를 했고 쿠바와 외교 관계를 정상화하면서도 '전략적 인내'정책을 통해 북한 김정은 정권을 무시했다. 북한이 2016년 1월에 제4차 핵 실험을 단행하자 미국은 한국에 사드 배치를 결정했고 이에 중국은 반발했다.

2016년 대선 기간에 트럼프 대통령은 오바마 행정부의 대북 전략인 '전략적 인내'를 비판하면서 햄버거 대화도 가능하다고 시사했다. 북한은 2017년 9월 제6차 핵 실험과 11월 '화성-15형' ICBM 발사를 통해 '국가 핵무력 완성'을 선언했다. 이에 트럼프 대통령은 유엔을 통한 강력한 제재를 단행하면서도 비밀리에 김정은 위원장에게 만남을 제안했다.[26]

김정은 위원장은 2018년 1월 1일 신년사에서 평창올림픽에 참가할 용의를 밝혔고 2월 10일 김여정 등 고위급 대표단이 평창올림픽 개막식에 참석했다. 북·미 양측은 3월 8일에 북·미 정상회담 개최를 공식적으로 발표했다.

김정은 위원장은 4월 20일 당 중앙위원회 전원회의에서 국가 전략을 '경제·핵 병진노선'에서 '사회주의 경제 건설 총력 집중 노선'으로 전환했다. 이를 위해 5월 24일, 북한은 함경북도 풍계리 북부 핵 실험장 2~4번 갱도를 폭파했다.

2018년 6월 12일 싱가포르에서 제1차 북·미 정상회담이 개최됐다. 북·미 공동성명에서 '① 새로운 북·미 관계 수립, ② 한반도 평화체제 구축을 위한 노력, ③ 한반도의 완전한 비핵화를 위해 노력, ④ 전쟁 포로와 전쟁 실종자 송환 약속' 등 4개 항에 합의했다. 김정은 위원장은 5월 24일 풍계리 북부 핵 실험장 폭파에 이어 두 번째 선제적 비핵화 조치로 서해 위성 발사장(동창리 미사일 발사장)을 해체하면서 미국과 협상 타결을 추진했다.

김일성 주석의 생일(4월 15일 태양절)과 김정일 국방위원장의 생일(2월 16일 광명성절)은 북한의 주요 명절로 가장 중요한 국가 행사다. 그러나 김정은 위원장은 김일성 주석과 김정일 국방위원장의 대규모 생일 기념식을 치르지 않았다. 대신 김일성 주석과 김정일 국방위원장의 평생의 숙원사업이었던 미국과의 외교 관계를 정상화함으로써 자신의 정치적 위상을 강화하고 북한 경제 발전을 통해 주민들로부터 정통성을 확보하고자 하는 의지가 컸다.

::04::
제2차 북·미 정상회담 결렬과 북한 핵·미사일 고도화

2019년 2월 베트남 하노이에서 열린 제2차 북·미 정상회담은 합의에 실패했다. 이유는 첫째, 김정은 위원장은 핵 폐기 범위를 영변 핵 시설로 한정했고 트럼프 대통령은 영변을 포함한 5곳의 핵 시설 폐기를 요구했기 때문이다.

둘째, 김정은 위원장은 2016년 이후 5개의 유엔 안보리 제재 해제를 요구했지만 트럼프 대통령은 북한의 완전한 비핵화를 확인할 때까지 유엔 제재를 대북 압박 수단으로 활용하기로 했기 때문이다. '스냅백(Snapback: 제재를 해제하되 위반행위가 있으면 제재를 복원한다는 조치)'을 전제로 단계적인 제재 완화를 미국에 요구했지만 미국은 이를 거절했다.

하노이 노 딜(No deal)은 양국 간 동상이몽식 계산법이 가장 큰 이유이지만 당시 트럼프 대통령이 비주류 부동산 사업가 출신으로 공화당 내 입지가 취약했기 때문이기도 하다. 특히 국가안보보좌관이었던 존 볼턴은 네오콘(Neocon)*의 지지를 받는 대북 강경론자로 트럼프 대통령의 북·미 정상회담의 타결을 사실상 반대했다.

6월 30일 판문점에서 열린 북·미 정상회동에서 김정은 위원장이 취소를 요구했던 한·미 연합 군사훈련이 재개되면서 북한은 총 8차례 단거리 미사일 발사를 단행했다. 10월 스톡홀름에서 개최된 북·미 실무협상이 성과 없이 종료되자 2019년 12월 북한은 자력갱생의 정면 돌파 의지를 밝혔다. 2020년 코로나19(이하 '코로나')로 인해 추가적인 북·미 협상은 이뤄지지 않았으나 김정은 위원장과 트럼프 대통령과의 우호적 관계는 유지됐다.

2021년에 집권한 바이든 행정부가 2022년 2월 러·우 전쟁에서 우크라이나를 지원하자 미·러 갈등이 본격화됐다. 그리고 2022년 8월 민주당 출신 낸시 펠로시 하원의장의 대만 방문으로 미·중 갈등이 심화됐다. 바이든 행정부는 러시아와 중국 관계에 집중하면서 북한 핵·미사일 문제를 사실상 방치했다.

---

* 신보수주의(Neo-conservatism)를 줄여서 네오콘(Neocon)으로 부른다. 1960년대 베트남 전쟁에 반대한 반전 운동에 환멸을 느낀 강경파가 주도한 신보수주의 운동이다. 2001년 집권한 조지 워커 부시 행정부에서 요직을 차지한 부통령 딕 체니, 국방장관 도널드 럼즈펠드 등 네오콘들이 2003년 이라크 전쟁을 주도했다. 그러나 제2차 이라크 전쟁은 실패로 돌아갔고 막대한 국방비 지출로 미국의 국가 부채가 급증했다.

김정은 위원장은 2021년 1월 제8차 당 대회에서 대내적으로 권력을 강화하면서 대외적으로 미국의 위협을 억제하고 협상력을 높이기 위해 핵·미사일 고도화를 추진했다. 스톡홀름 국제평화연구소(SIPRI)는 북한의 핵탄두 비축량이 2019년 1월 20~30기에서 2025년 1월 50기로 증가한 것으로 추산했다.[27] 미국 최대 국제방송국 〈VOA〉는 핵탄두 보유량을 90기까지 늘릴 수 있는 핵물질을 북한이 보유했다고 추정했다.[28]

북한은 바이든 행정부 때 고체연료 추진 ICBM '화성-18형'과 '화성-19형'을 시험 발사했다. 고체연료 추진 미사일은 액체연

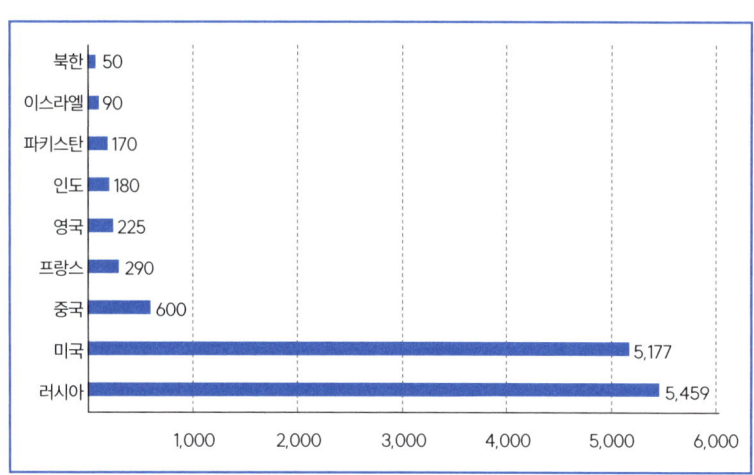

국가별 핵탄두 수량

- 주: 2025년 1월 기준
- 출처: www.sipri.org/yearbook/2025

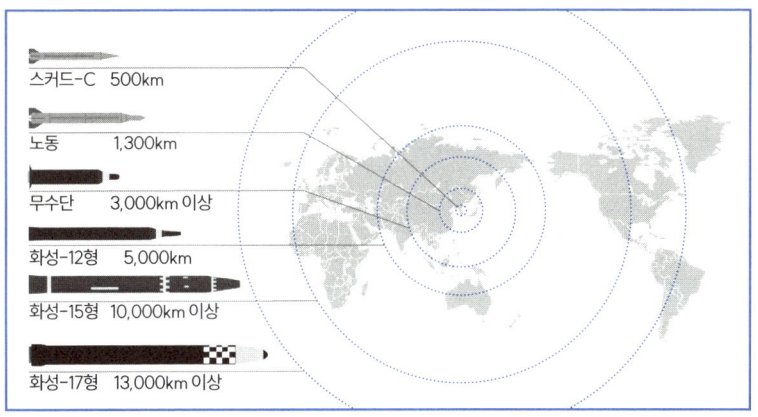

• 출처: 「2022 국방백서」(국방부)

료 추진 미사일과 달리 연료 주입 시간이 필요하지 않아 즉시 발사가 가능해 미국이 포착하기가 어렵다.29 '화성-19형'은 '다탄두 각개 목표 설정 재돌입체(MIRV)' 탑재를 목표로 개발됐으며 정상 각도로 발사할 경우 1만 6,000킬로미터 전후로 미국의 여러 표적을 타격할 수 있다고 평가된다.30

:: 05 ::
북·러 군사 동맹으로 북한의 전략적 입지가 강화됐다

　중국에 대한 정치 및 경제적 의존도를 낮추기 위해서 김정은 정권은 2022년 2월 러·우 전쟁에서의 러시아의 군사 행동을 강력하게 지지하면서 북·러 관계의 격상을 추진했다.

　러·우 전쟁이 장기 소모전으로 진행되자 러시아는 북한과 반미 공동 전선 구축을 통해 미국의 힘을 분산시키고 잠재적 경쟁국인 중국을 견제하려고 했다.31 러시아는 2022년 이후 북한의 ICBM 발사에 대한 유엔의 대북 제재를 거부하면서 북·러 관계를 강화했다.

　2023년 9월 북·러 정상회담이 러시아 극동 아무르주에 있는 보스토치니 우주기지에서 개최됐다. 김정은 위원장은 소련이 북한 정권 수립에 기여했다는 점을 강조했다. 푸틴 대통령은 2024년 6월 19일 북한을 방문해 김정은 위원장과 북·러 간 '포괄적인 전략적 동반자 관계에 관한 조약'을 체결했다. 본 조약에 군사적 개입 조항이 부활하면서 1996년 폐기됐던 북·러 군사 동맹이 28년 만에 복원됐다.

이에 따라 북한은 러시아에 포탄 약 1,000만 발 등 군수물자를 지원했다. 북한은 러·우 전쟁의 쿠르스크 지역에 2024년 10월 1차로 1만 1,000명, 2025년 1~3월 2차 4,000명을 파병했다. 그리고 2025년 7~8월 3차로 공병 6,000명 파병을 결정했다. 러시아는 북한에 우주 발사체 엔진, 드론, 미사일 유도 능력 개선 등의 기술 자문을 하고 있다.[32]

김정은 정권은 북·러의 군사적 혈맹 관계를 통해 국제사회로부터 고립을 완화하고 러시아로부터 첨단 군사 기술, 식량, 에너지를 확보할 수 있게 됐다. 2025년 7월 평양과 모스크바를 잇는 직항 여객기 운영이 33년 만에 재개됐다. 향후 러·우 전쟁이 종전되어도 러시아는 전후 복구 사업을 위해 대규모의 북한 노동자를 요청할 전망이다. 이는 베트남 전쟁에 파병했던 한국이 종전 후 중동에 수많은 건설근로자를 파견했던 것과 유사한 방식이라고 볼 수 있다.

이런 와중에 파병된 북한 군인이 수천 명이 죽거나 다친 것으로 알려졌다. 김정은 정권은 1945년 광복 당시 러시아의 도움을 강조하면서 북한군 파병의 정당성을 홍보하고 있다. 김정은 위원장은 러시아에 파병된 전사자의 유가족을 만나 위로하면서 평양에 전사자를 기리는 '새별거리'를 조성하고 유가족을 지원하겠다고 약속했다.

미국과 글로벌 패권 경쟁을 전개하고 있는 중국보다는 러시아와의 협력이 향후 북·미 관계 개선에 더 유리하다고 북한이 인식한 것으로 본다.

북한은 러시아의 중재를 통해 미국에 적극적인 제안을 추진할 가능성이 크다. 이는 중국을 자극해 북·중 관계 개선에도 도움이 될 것이다.

김정은 정권은 러시아와 전략적 협력 강화를 통해 중국과 러시아 사이에서 균형 외교를 추진하고 있다. 이러한 북한의 중·러 균형 외교 전략이 효과를 내면서 중국은 김정은 위원장을 중국 전승절에 초대했다. 김정은 위원장은 9월 3일 중국 전승절 80주년 행사에 시진핑 주석, 푸틴 대통령과 함께 참석했다. 이는 국제사회에 김정은 위원장의 위상을 높였고 동시에 북한 내부 결속을 강화한 결과를 낳았다.

:: 06 ::

트럼프 대통령은
북·미 관계 정상화를 원한다

　네오콘의 강경 보수파 핵심 인물이면서 (트럼프 1기 행정부 당시) 국가안보보좌관이었던 존 볼턴이 2019년 2월 하노이 북·미 정상회담에 부정적이었고 러시아 게이트 의혹으로 탄핵 가능성이 있었던 트럼프 대통령은 2019년 북한과의 핵 협상에서 실질적인 결과를 도출하기가 쉽지 않았던 상황이었다.

　2020년 대선 기간에는 공화당 정강에 '완전하고 검증 가능하며 불가역적인 비핵화(CVID)'를 포함했지만, 2024년 대선 기간에는 북한 비핵화 문구가 사라졌고 민주당 정강에도 북한 비핵화 문구가 빠졌다. 이로 인해 트럼프 2기 행정부가 북한의 핵 포기 대신 동결 및 감축을 목표로 협상에 나설 가능성이 제기됐다.[33]

　엘브리지 콜비 국방부 정책차관은 서태평양 지역에서 미국을 몰아내고 지역 패권으로 부상하는 중국을 거부하는 것이 미국 대외 전략의 최우선 순위가 되어야 한다고 주장해 왔다.34 트럼프 2기 행정부는 미국의 상대적 쇠퇴에 따른 군사적 능력과 자원의 제약을 인정하고 군사력 사용을 최소화면서 중국 견제에 집중하고자 한다. 미국은 중국을 첨단 기술 공급망에서 배제하는 경제적 디커플링(Decoupling) 전략을 전개하고 있다.

트럼프 대통령이 북한을 'Nuclear Power'로 여러 번 언급하고 김정은 위원장과 좋은 사이임을 강조하고 있다는 점에서 북·미 정상회담 가능성이 크다.35 미국은 북한 비핵화를 최종 목표로 설정하고 핵과 ICBM 실험 중지, 핵 동결, 핵과 ICBM 감축 등 단계적 이행을 제안할 전망이다. 그러면서 북한의 이행에 대한 보상으로 유엔의 대북 제재 완화, 북·미 수교 등을 제시하는 단계적 비핵화를 추진할 가능성이 크다.36

빅터 차 미국 전략국제문제연구소(CSIS) 한국석좌는 2025년 2월 한 세미나에서 트럼프 2기 행정부는 '완전하고 검증할 수 있는 불가역적인 비핵화(CVID)'를 표방하면서 실제로는 미국 본토 위협요소인 핵무기와 ICBM의 무력화와 같은 부분적 합의를 위해 대북 협상을 추진할 수 있다고 예상했다.37 2025년 7월 열린 아세안지역안보포럼(ARF)에서 채택된 의장성명에서는 북핵 문제에 대해 기존 'CVID(완전하고 검증 가능하며 불가역적 비핵화)'

대신 'CD(완전한 비핵화)'로 완화됐다. 이는 국제사회가 현실적인 북한 비핵화를 수용할 수 있다는 것을 보여준다.

2025년 8월 25일 한·미 정상회담에서 이재명 대통령은 트럼프 대통령에게 김정은 위원장과의 만남을 제안했고 트럼프 대통령도 올해 안에 만나고 싶다고 밝혔다. 이 자리에서 이재명 대통령은 트럼프 대통령이 '피스메이커(Peacemaker)' 역할을 담당하고 자신은 '페이스메이커(Pacemaker)' 역할을 하겠다고 말했다. 특히 이 대통령은 북한에 트럼프 타워를 건설하고 골프를 치게 되길 고대한다고 전했다.

∷ 07 ∷
북·미 관계에 따라 북·일 관계도 정상화된다

　북한의 지원을 받는 조총련(재일본조선인총연합회)은 초중고 및 조선대학교를 통해 재일교포를 교육했다.

　1959년 일본과 북한이 체결한 '재일교포 북송에 관한 협정'에 따라 9만 3,340명의 재일교포가 북한으로 보내졌다. 이는 한국전쟁 이후 노동력이 부족했던 북한의 경우 재일교포 송환으로 인력을 보충했고 일본은 부담스러운 재일한국인을 북으로 송환할 수 있었기 때문에 가능했다. 김정은 위원장의 친모인 고용희도 재일교포 출신이다.

　이후 일본은 북한 무역에서 가장 큰 비중을 차지했다. 2000년 북한의 대일본 수출은 2억 5,700만 달러로 중국 3,700만 달러보다 컸었다.

　12선의 중진으로 부총리를 역임한 가네마루 신 자민당 부총

북한의 일본과 중국 수출 추이

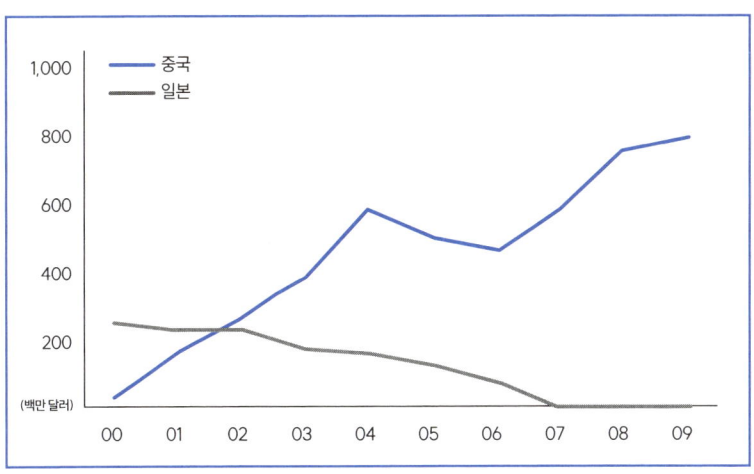

• 출처: 「국제·북한 통계」(국가통계포털)

재가 1990년 9월 방북해 김일성 주석과 회담을 했고 이때 북·일 수교를 목표로 한 공동선언을 했다. 2002년 9월에는 고이즈미 준이치로 총리가 북한을 방문해 김정일 국방위원장과 회담을 가진 후 양국 간 상호불가침 원칙을 담은 북·일 기본조약을 통해 북한과의 관계 정상화를 추진했다. 그러나 일본인 납북자 문제가 불거지면서 일본 당국은 독자적으로 대북 제재를 시작했고 2006년 10월 제1차 핵 실험 뒤에 북한산 제품 수입을 전면 금지하면서 북·일 무역은 중단됐다.

2019년 아베 신조 총리가 북한과 '조건 없는 관계 개선'을 추진하는 가운데 가네마루 신 전 부총재의 아들인 가네마루 신고를 대표로 한 일본인 방북단 60여 명이 북한을 방문했다. 그는 "북·일 간에 현안이 많은데 현안 해결에는 국교 정상화가 가장 빠른 길"이라고 말했다. 이는 북·일 관계 개선을 바라는 아베 신조 총리의 의중이 반영됐다는 평가가 나왔다.38

1972년 2월 닉슨 대통령이 중국을 방문해 마오쩌둥을 만나 회담을 했고 1979년 1월 미·중 외교 관계가 수립됐다. 당시 일본 다나카 카쿠에이 수상은 중국을 방문해 마오쩌둥을 만났고 이후 1972년 9월 중·일 국교가 정상화됐다. 이는 미·중 수교보다 빨랐는데 그만큼 일본은 중국과의 관계 정상화가 절실했다.

일본은 북·미 관계 정상화를 주시하면서 북·일 수교를 추진할 것으로 보인다. 만약 북·일 수교가 이뤄지는 경우 일본은 북한에 식민지 지배에 대한 배상금으로 해당하는 대일청구권 자금을 북한에 제공할 가능성이 크다.

1965년 일본과의 국교를 정상화한 한국은 일본으로부터 대일청구권 자금으로 5억 달러(무상 3억 달러, 유상 2억 달러)를 받았다. 이는 1965년 일본 GDP 974억 달러의 0.5%이며 한국 GDP 31억 달러의 16%에 해당한다. 2023년 일본 GDP 4조 2,000억 달러에 0.5%를 적용하면 210억 달러다. 북·일 수교를 가정할 경우 북한은 일본으로부터 대일청구권 자금 210억 달러 이상을 받을 수 있다고 추정해 볼 수 있다.[39] 이는 북한 GDP의 약 70% 수준으로 북한 경제 개발에 마중물이 될 수 있다.

미·중 패권 경쟁이 격화되면서 북한의 지정학적 가치가 중요해지고 있다. '일본은 100년의 적, 중국은 1000년의 적'이라고 인식하고 있는 김정은 정권은 체제의 안보를 확보하기 위해 미국과의 관계 정상화를 추진했지만 양측의 견해 차이로 성사되지 못했다.

2025년에 집권한 트럼프 대통령은 중국 견제에 집중하기 위해서 과거와 달리 단계적 비핵화를 통해 북·미 관계 정상화를 추진할 것이다. 트럼프 대통령의 대북한 접근을 주목하고 있는 일본은 선제적으로 북·일 수교를 단행할 가능성이 크다. 북·미, 북·일 관계 정상화 추진은 한반도 냉전체제를 해체하고 한반도 평화체제를 구축하는 시발점이 될 것이다.

트럼프의 대외 행동 방식은
닉슨과 비슷하다

    트럼프 대통령의 행동 방식은 기성 정치인과 확연하게 다르다. 트럼프 대통령은 동맹국의 경우 거칠고 매몰차게 다루고 있는 반면, 러시아 푸틴 대통령과 김정은 위원장에게는 부드럽고 유화적으로 대우하고 있다. 그러나 지도자의 특성이라는 개인적 관점이 아닌 미국 국력과 국제 정치의 구조적 관점에서 보면 트럼프 대통령의 행동 방식은 1969년에 집권한 닉슨 대통령의 대외 행동 방식과 비슷하다.

    극우 보수정치인이었던 닉슨은 1968년 대통령 선거에서 베트남에서의 철군을 공약으로 내세워 당선됐다. 닉슨 대통령은 1969년 7월 닉슨 독트린을 통해 미국은 베트남 전쟁과 같은 군사적 개입을 피할 것이며 아시아 동맹국은 스스로 안보에 대처하라고 제시했다.

미국의 막대한 국방비로 인한 재정 적자와 과도한 달러 발행에 대해 우려한 프랑스는 달러를 금으로 바꿔 달라고 요구했다. 이에 1971년 닉슨 행정부는 달러를 금으로 바꾸어 주지 않겠다는 불태환 선언을 하면서 동시에 모든 수입품의 관세를 10% 올리는 보호무역 조치를 단행했다. 세계 경제가 혼란에 빠졌고 물가와 원유의 가격이 급등했다.

1971년 닉슨 행정부는 중국과의 화해를 모색하기 위해 2만 명의 주한미군 7사단 철수를 단행했고 대만을 대신해 중국이 유엔의 상임이사국이 되는 것을 승인했다. 1972년 2월 닉슨 대통령은 직접 중국 베이징에 가서 마오쩌둥과 정상회담을 했다. 미국과 중국은 1953년 한국 전쟁 휴전 협정 이후 19년 만에 적대 관계를 청산하고 새로운 파트너십을 구축했다.

2025년에 재집권한 트럼프 대통령은 36조 달러라는 막대한 국가 부채와 이자 부담으로 인해 러·우 전쟁 종전을 압박하고 있으며 나토(NATO) 회원국, 한국, 일본 등 동맹국에 국방비 증액을 강력하게 요구하고 있다. 트럼프 행정부는 재정 적자를 보전하기 위해 세계 각국에 엄청난 관세를 부과하고 있다. 반면, 러시아와 적대적 관계를 청산하고 새로운 관계의 수립을 시도하고 있다. 또한, 북한 김정은 정권과 북·미 관계 정상화를 추진하고 있다.

닉슨과 트럼프 대통령은 미국 국력의 상대적 쇠퇴를 인정하고 기존과 다른 파격적인 대외정책을 통해 위기를 타파하려는 방식이 비슷하다.

3장

흔들리는 북한 경제, 돌파구가 필요하다

2021년 미·중 패권 경쟁 강화로 북한의 지정학적 중요성이 높아지면서 김정은 정권은 중국 시진핑 정부가 유엔 제재를 완화해 줄 것으로 기대했다. 그러나 유엔 제재가 지속되면서 북한 경제가 흔들리고 있다. 대중국 수출은 미미한 수준이지만 대중국 수입은 증가했고 중국에 파견되었던 북한 노동자의 송금이 감소하면서 2024년 5월부터 북한 원/달러 환율이 4.9배 급등했다.

2009년 11월 화폐 개혁 실패 이후 북한의 주요 물자는 달러 혹은 위안화로 결제되고 있다. 이런 상황에서 환율이 급등하자 쌀값 등 주요 생필품 가격도 덩달아 폭등하고 있다. 여기에 러·우 전쟁 특수와 러시아 파병을 통해 획득한 달러가 인민 경제 혹은 장마당에 공급되지 않으면서 환율 급등을 부추기고 있다. 김정은 위원장은 북한 경제 위기를 돌파하기 위해서 새로운 북·미 관계를 맺는 것이 필요하다.

2025년 8월 25일 한·미 정상회담에서 트럼프 대통령은 김정은 위원장을 만나고 싶다고 밝혔다. 양측의 만남이 성사된다면 이번에는 트럼프 대통령이 북한의 핵·미사일 능력을 고려한 단계적 비핵화 협상을 북한에 제안할 가능성이 있다. 만약 양측 협상이 진전돼 한국 전쟁의 휴전 협상이 종전 협정으로 이어진다면 한반도에서 국제법적으로 전쟁이 종식되면서 한반도 평화체제가 구축될 수 있다. 이를 바탕으로 북한에 대한 유엔의 경제 제재가 해제된다면 북한 경제가 빠르게 회복될 전망이다. 그렇다면 북한 경제가 위기라는데 어느 정도인지부터 우선 알아보자.

::01::
유엔 제재의 영향으로 환율이 4.9배 급등

김정은 정권이 2016년 1월 제4차 핵 실험, 9월 제5차 핵 실험을 단행하자 중국은 유엔 안보리 제재 결의안에 적극적으로 동참했다. 북한의 핵 능력 강화는 한국, 일본, 대만의 핵무장을 자극해 중국이 주변 국가로부터 핵 포위를 당할 수 있다는 우려 때문이었다. 2016년 12월 유엔 결의안 2321호 채택 후 북한의 최대 수출 품목인 석탄 수출을 제한하면서 북한 수출 감소가 본격적으로 시작됐다.

2017년 수출은 18억 달러로 2016년 28억 달러와 비교해 37% 감소했다. 경제적 어려움 속에서 북한은 2017년 9월 제6차 핵 실험과 11월 ICBM인 '화성-15형' 발사를 단행했다. 이에 대해 유엔 안보리는 강력한 제재를 부과했다. 모든 북한 광물, 섬유, 의류 등 주력 제품 대부분의 수출이 금지됐다. 2018년 북한

북한 수출 추이

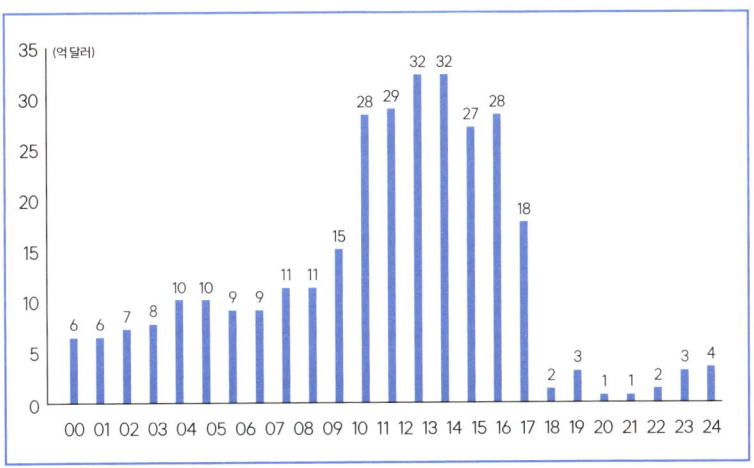

• 출처: 「국제·북한 통계」(국가통계포털), 「2024 북한 대외무역 동향」(코트라, 2025)

수출은 2억 4,000만 달러로 2017년 대비 86% 감소했다. 2020년 수출은 8,900만 달러로 사실상 중단된 것으로 볼 수 있다.

2021년 이후 미·중 패권 경쟁이 격화되면서 북한의 지정학적 가치가 높아지고 있다. 이에 북한에서는 중국이 유엔 제재를 완화해 줄 수 있다는 기대감이 높았다. 그러나 시진핑 정권은 북한에 대한 유엔의 경제 제재를 완화해 주지 않았고 결국 대중국 수출이 개선되지 않고 있다.

2024년 북한의 수출은 3억 6,000만 달러로 2016년 28억 2,000만 달러의 13%에 불과했다.[40] 이것이 김정은 정권이 중국의 의도를 의심하는 이유다.

김정은 정권이 평양을 중심으로 대도시의 생활 수준을 개선하자 2014년 수입은 44억 달러로 역대 최고치를 기록했다. 그러다가 2018년부터 본격화된 유엔의 대북 경제 제재로 경제가 위축되면서 수입이 감소하기 시작했다.

2020년 코로나로 인해 북한이 경제를 봉쇄하면서 수입은 7억 7,000만 달러로 급감했다. 그러나 2022년부터 경제 봉쇄 완화로 수입이 다시 증가하면서 2024년 수입은 23억 6,000만 달러로 증가했다.

북한 수입 추이

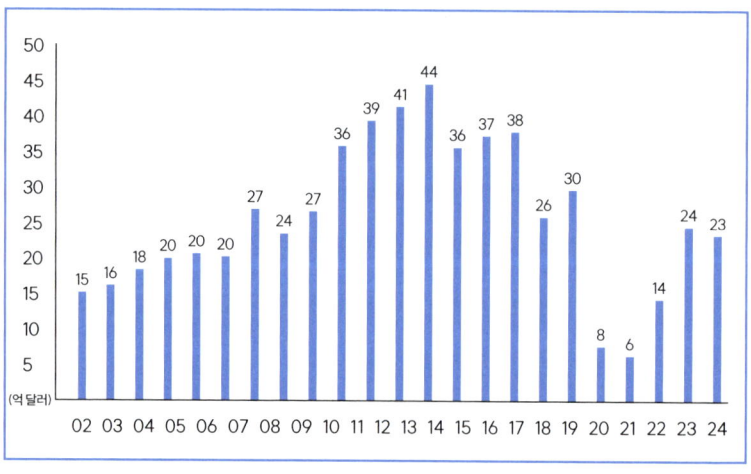

• 출처: 「국제·북한 통계」(국가통계포털), 「2024 북한 대외무역 동향」(코트라, 2025)

2017년 유엔의 경제 제재로 인해 북한의 광물 등 지하자원 수출은 사실상 중단됐지만 경제 운영에 필수품인 원유, 플라스틱, 인조섬유 등 석유화학 제품 수입은 증가하고 있다. 무역수지 적자는 2021년 5억 5,000만 달러에서 2022년 12억 7,000만 달러, 2023년 21억 2,000만 달러, 2024년 19억 8,000만 달러로 증가했다. 통계가 집계되기 시작한 2002년부터 2024년까지 계속해서 무역수지는 적자를 기록했다.

2009년 11월 화폐 개혁 이후 약 2년간 환율이 급등했던 시기를 제외하고는 2011년 12월 김정은 집권 이후 2024년 5월까지 환율은 상대적으로 안정적이었다. 김정은 정권 내내 만성적인 무역수지 적자에도 불구하고 무슨 이유로 2024년 5월까지 환율이 안정적으로 유지될 수 있었을까?

2000년대 초반부터 북한 당국은 외화 획득 목적으로 중국, 러시아, 중동, 동유럽 등 40여 개 국가에 의류, 건설, IT 등 다양한 분야에 노동자를 파견했다. 2002년부터 2023년까지 24년 동안 북한 누적 무역수지 적자는 291억 달러다.[41] 해외 노동자로부터의 외화 수입이 무역수지 적자를 상쇄했기 때문에 환율이 안정적으로 유지되었다고 판단된다.

북한 주민들은 해외 노동자 파견을 돈 벌 기회로 인식하고 있다. 그래서 당에 뇌물을 바칠 수 있는 출신 성분이 좋은 중산층 이상의 주민들이 해외 노동자의 기회를 얻고 있다. 중국으로 파견된 북한 IT 노동자들은 신분을 위장한 다음, 미국과 유럽 기업에 원격 근무로 취업해 외화벌이를 하고 있다.* 해외 노동자는 중국, 러시아보다는 상대적으로 수입이 높은 중동 지역을 선호하고 있다. 2024년 유엔 대북제재위원회의 전문가 패널 보고서에 따르면, 10만 명의 해외 노동자가 연간 15억 달러 내외의 수입을 거두고 있다.42

2024년부터 중국은 유엔 제재 이행을 이유로 비자가 만료되는 북한 노동자 전원을 귀국시키라고 북한에 요구하고 있다. 2024년 기준, 중국에 최대 10만 명의 근로자가 파견된 것으로 추정되고 있다.43 이들의 임금이 북한의 외화벌이 핵심인 상황에서 이들의 귀환은 북한의 외환 사정에 타격을 주고 있다.

중국으로부터 수입을 위한 달러 수요는 증가하는 반면, 해외 노동자의 송금이 축소되면서 달러 공급이 감소했다. 이로 인해 달러 수요가 공급을 초과하게 됐다. 여기에 화폐 개혁 소문이 퍼지자 북한 주민들의 달러 사재기인 '투기적 수요'가 가세하면서 암시장에서 북한 원/달러 환율이 급등하고 있다. 최근 북

---

* 북한 여권을 소지한 해외 노동자가 아랍에미리트로 건너가 활동하면서 미국 조지아에 기반을 둔 블록체인 개발업체에 신분을 위장하고 원격으로 취업했다. 이후 고용주의 신뢰를 얻어 가상화폐 자산에 접근해서 가상화폐를 빼돌렸다('북한 IT 노동자, 미국인 신분 도용해 원격 취업 … 노트북 농장 29곳 적발', 〈KBS 뉴스〉, 2025. 7. 1).

북한 원/달러 환율 추이

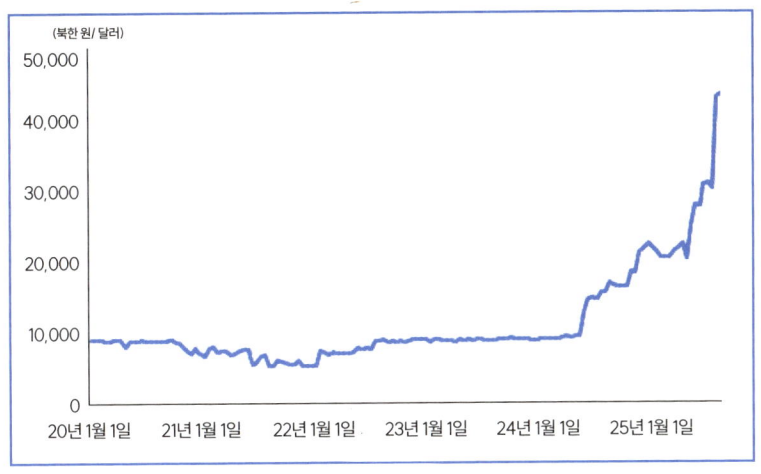

한 당국은 북한 주민들이 이용하고 있는 '협동화폐거래소'를 통폐합하고 국가외환봉사소로 흡수하고 있다. 이는 달러 부족으로 인해 북한 당국이 본격적으로 달러를 통제하고 있음을 의미한다. 2025년 9월 3일 환율은 4만 3,400원으로 2024년 5월 26일 8,920원 대비 4.9배 급등했다. 특히 최근 2개월 동안 50% 이상 가파른 상승세를 기록하고 있다.[44]

:: 02 ::
환율 급등으로 인한
쌀값, 부동산 가격 폭등

김정은 정권은 2012년 6월 '우리식 경제관리방법' 도입을 통해 농업, 공업, 상업에 자율권을 대폭 확대했다. 농업 분야에 '분조관리제 안에서의 포전담당책임제'를 도입하여 농작물의 70%는 국가에 납부하고 30%는 분조원에 현물로 배분했다. 공업 분야에 사회주의 기업 책임관리제를 도입해 계획 물량 외에는 자율적으로 가격과 생산량을 결정하게 했다.

김정은 정권은 경공업과 생필품의 국산화를 적극적으로 추진했다. 북한 당국으로부터 비공식적으로 지원받은 돈주(자본가)가 식료품, 담배, 화장품, 의류 설비와 제품을 국산화하면서 주민의 생활 수준이 개선됐다. 전국에 수많은 장마당과 휴대폰 보급이 유통구조를 효율화시키면서 물가가 안정됐다. 김정은 정권의 우리식 경제관리방법이 김정일 정권의 7.1 경제관리 개선조치보다 더 좋은 경제 성과를 거뒀다고 평가할 수 있다.

김정은 정권 2012년에서 2016년까지 5년간 평균 쌀 생산량은 211만 톤으로 김정일 정권 2005년에서 2009년까지 5년간 평균 184만 톤 대비 14.3% 증가했다. 2021년 코로나로 인한 경제 봉쇄 속에서도 쌀 생산량은 216만 톤을 기록해 2020년 202만 톤 대비 6.7% 증가했다.

2022년 207만 톤, 2023년 211만 톤으로 쌀 생산량은 안정적이었다. 2024년 기록적인 홍수 속에서도 쌀 생산량은 215만 톤으로 1.8% 증가했다.[45]

안정적인 쌀 생산량을 기록했는데도 불구하고 2024년 8월부터 쌀값이 상승하기 시작했다. 2025년 8월 31일 평양 쌀값은 2만 4,000원으로 2024년 5월 26일 5,650원 대비 4.2배 상승했다. 특히, 최근 2개월 동안 쌀값이 2배 폭등했다.

북한의 쌀 생산량이 감소하지 않은 상황에서 쌀값 급등의 원인은 환율 급등에 기인한다고 볼 수 있다. 환율 급등으로 휘발유, 식용유, 설탕 등 식료품 가격도 덩달아 급등하고 있다.

환율 급등은 부동산 가격에도 영향을 미치고 있다. 북한에서는 공식적으로 개인 간의 주택 매매가 금지지만 암암리에 이뤄지고 있다. 북한에서의 주택 거래는 집을 사용할 수 있는 '입사증'을 사고파는 형태다. 2020년 평양의 최고급 아파트는 평균 15만 달

평양의 쌀값 추이

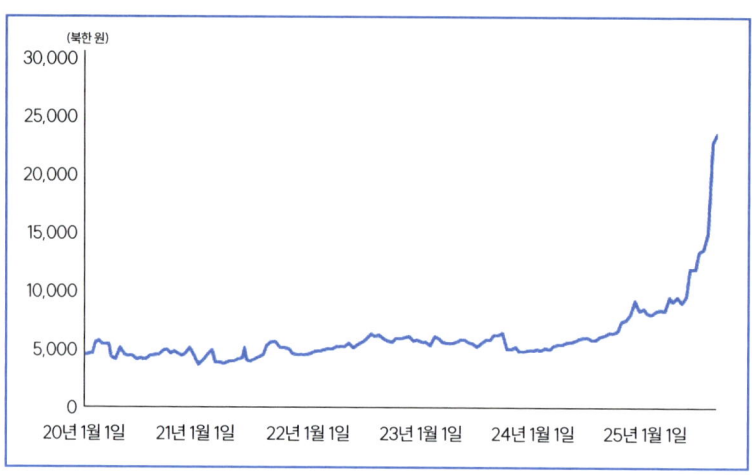

러에서 20만 달러 사이에서 매매됐다. 그러다가 코로나로 경제 봉쇄가 시작되면서 북한 부동산 가격은 급락했었다.[46]

2024년 하반기부터 환율이 급등하면서 부동산 가격도 폭등하고 있다. 2025년 8월 혜산시 주택 가격이 지난해보다 20~30% 상승했다. 특히 환율이 상승하자 일반 주택 매매도 대부분 달러나 위안화로 거래되고 있다. 이로 인해 주택의 실거래는 별로 없는 상태에서 주택 가격 호가만 상승하고 있다.[47]

::03::

러시아 파병과 전쟁 특수의 한계

    2022년 2월 러·우 전쟁을 계기로 김정은 정권은 중국의 유엔 대북 경제 제재 참여에 따른 부정적 영향을 축소하고 중국과 러시아 사이의 균형 외교를 위해 러시아와 전략적 협력을 강화했다. 러시아는 부족한 병력 자원과 군수 물자를 확보하기 위해 북한과의 협력이 필요했다. 이에 양국은 2024년 6월 북·러 간 군사 동맹과 군사 원조에 합의했다.

    합의에 따라 북한은 러·우 전쟁에 군대를 파병하고 경제적 대가를 받고 있다. 북한군 파병 대가는 1인당 월 2,000달러 수준으로[48] 1만 명이 파병되면 연간 2억 4,000만 달러가 북한에 유입될 수 있다. 2025년 9월 약 2만 1,000명 파병 기준으로 보면, 북한은 연간 5억 달러를 수취할 수 있다고 추정된다. 또한, 러시아에 포탄과 탄약을 수출하고 있어 수십억 달러를 벌어들이고 있다.

유엔 경제 제재가 본격화되자 북한의 2017년 경제 성장률은 -3.5%로 역성장으로 전환했다. 2019년 0.4% 소폭 반등했으나 2020년부터 2022년까지 3년 동안 마이너스 경제성장을 기록했다. 그러다가 2023년 군수 물자의 러시아 수출 확대로 군수 사업이 호황을 누리자 북한 경제 성장률은 3.1%로 반등했고 2024년 경제 성장률도 3.7%를 기록했다.

북한과 러시아의 거래방식은 달러 결제와 원유, 밀, 러시아산 첨단 재래식 무기 등의 물자 교환이 혼합된 것으로 볼 수 있다. 러시아로부터 받은 달러는 김정은 정권의 통치자금으로, 원유

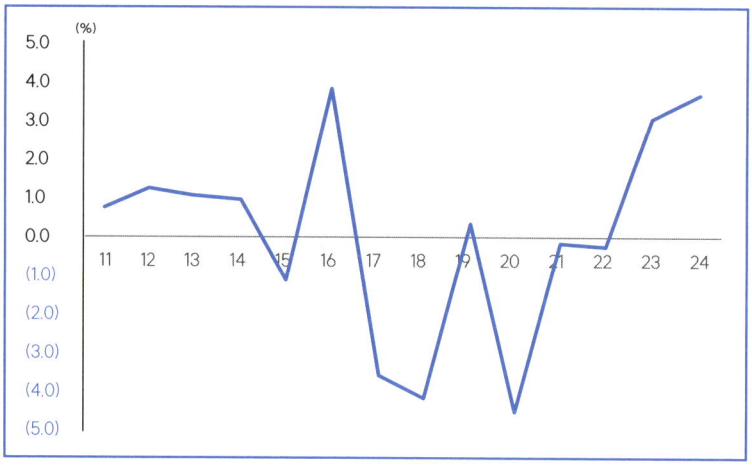

김정은 정권 시기 북한 경제 성장률 추이

• 출처: 「국제·북한 통계」(국가통계포털), 「해외/북한」(한국은행 경제통계시스템)

등 자원과 식량은 인민 경제에 사용된 것으로 추정된다. 예를 들면, 러시아로부터의 원유 공급 증가로 2024년 북한 제조업과 광업이 각각 전년 대비 7%, 8.8% 증가했다.[49] 이러한 실물 경제의 호조에도 불구하고 북한 원/달러 환율이 급등하고 있는 이유는 무엇인가?

주민들의 기대와 달리 러시아 파병과 무기 수출로 획득한 달러가 인민 경제 혹은 장마당에 흘러 들어가고 있지 않다는 것이다. 2009년 11월 화폐 개혁에 따른 혼란을 경험했던 주민들이 미국 달러만을 갖고 있으려고 하는 바람에 환율 상승이 가속화되고 있다. 최근 3개월 동안 환율 급등으로 주민들의 생계 수단인 장마당 경제가 크게 위축되고 있으며 일반 주민들의 생활이 어려워지고 있다.

북한과 러시아는 주로 자원을 수출하는 구조이기 때문에 양 국가가 상호 교역할 품목이 많지 않다. 따라서 러시아와의 교역만으로 김정은 정권은 경제구조의 체질을 개선하기는 어렵다고 볼 수 있다.

김정은 정권은 미국과의 협상을 통해 유엔의 대북 제재를 해제하고 미국, 일본, 한국으로부터 투자를 유치해야만 경제를 개선할 수 있을 것이다.

::04::
김정은 위원장에게는 획기적인 경제 돌파구가 필요하다

2009년 11월 시장화 확산에 따른 정치체제의 이완을 막기 위해 김정일 정권은 화폐 개혁을 단행했으나 북한 경제는 대혼란에 빠졌다. 평양의 쌀값은 1년 동안 24배 급등했다.

2011년 12월 김정일 국방위원장이 사망한 후 집권한 김정은 위원장은 정치와 경제의 혼란 수습이 우선이었다. 김정은 위원장은 첫 공개 연설에서 "우리 인민이 다시는 허리띠를 조이지 않게 하며 사회주의 부귀영화를 마음껏 누리게 하자는 것이 우리 당의 확고한 결심입니다"[50]라고 공언하면서 인민 생활의 개선을 추진했다.

2012년 6월 우리식 경제관리방법 도입 후 농업, 공업, 건설 분야에서 성과가 나기 시작했다. 2016년 경제 성장률은 3.9%로 2000년 이후 최고를 기록했다. 그러나 2016년 두 차례 핵 실험으로 인해 유엔이 경제를 제재하자 2017년 북한 경제가 악화했고 경제 성장률은 －3.5%로 역성장했다. 김정은 위원장은 왜 경제 제재를 감내하면서도 핵·미사일 고도화를 단행했을까?

김정은 위원장은 미국을 표적으로 하는 ICBM 시험 성공을 통해 트럼프 대통령을 자극해 핵 협상과 북·미 관계 정상화를 동시에 추진했다. 그리고 트럼프 대통령의 만남에 대한 제의를 수락했다. 제1차 북·미 정상회담 개최가 결정된 직후 2018년 4월 20일 당 중앙위원회 전원회의에서 김정은 위원장은 '경제·핵 병진노선'에서 '사회주의 경제 건설 총력 집중노선'으로 전환해 북한 경제 개발을 추진하고자 했다.

그러나 2019년 2월 제2차 북·미 정상회담이 결렬되면서 김정은 위원장은 자력갱생의 정면 돌파를 선언했다. 북한 경제 개발 대신 핵·미사일을 한층 고도화해 미국이 직접 북한과의 핵 협상에 나서는 구도로 전환하고자 했다. 바이든 행정부 시기에 북한은 고체연료 추진 ICBM '화성-18형'과 극초음속 미사일 '화성-11형'을 시험 발사했다.

트럼프 행정부의 마코 루비오 국무장관은 기존 미국의 대북정책이 북한의 핵 개발을 막지 못했다고 인정하면서 정책 전환을 시사했다. 2025년 8월 25일 한·미 정상회담에서 트럼프 대통령은 이재명 대통령의 북·미 정상회담 제안에 강력하게 호응하면서 올해 안에 김정은 위원장을 만나고 싶다고 밝혔다.

2025년 김정은 정권은 2018년 당시와 비교해 북·미 핵 협상에서 다음과 같은 유불리한 점을 갖고 있다.

유리한 점으로 첫째, 2025년 핵·미사일 능력이 2018년 대비 고도화됐기 때문에 북한이 원하는 단계적 비핵화 협상이 가능하다는 점이다.

둘째, 북한은 러시아와 군사 동맹을 통해 확실한 뒷배를 확보했다는 점이다.

셋째, 2018년 트럼프 행정부의 대외정책을 결정했던 대북 강경파인 네오콘이 사라졌고 지금은 트럼프 대통령의 대북정책을 지지하는 참모로 구성되어 있다.

불리한 점으로 첫째, 8년간 유엔의 대북 제재로 인해 환율과 물가가 급등하면서 북한 주민 생활이 어려워졌다는 점이다.

둘째, 1995년 대기근으로 배급 시스템이 붕괴한 후부터 주민들이 스스로 생존했기 때문에 1995년 이후 출생한 20~30대 젊은 세대는 김정은 정권에 대한 충성도가 상대적으로 낮다는 점이다. 김일성 집권 시기에 태어난 40대 이상 기성세대는 불만이 있더라도 참고 북한 정권의 정책에 순응하는 편이지만, 사회주의 경제체제에서 혜택을 받지 않은 젊은 세대는 다르다.

김정은 위원장은 체제의 안정을 확보하고 경제 위기를 돌파하기 위해서 트럼프 대통령과 정상회담을 통해 북·미 관계 정상화와 단계적 비핵화 협상을 추진할 것이다. 미국은 북한 비핵화를 최종 목표로 단계적 비핵화에 합의하고 유엔의 대북 제재 완화를 추진할 전망이다.

국제법 기준으로 한반도는 전쟁이 일시적으로 중단한 휴전 상태다. 휴전 협정 당사국인 미국, 중국, 한국, 북한이 정전 협정을 평화 협정으로 대체해야 한반도 평화체제가 구축될 수 있다.

한반도 평화체제는 공식적으로 전쟁 상태를 종식함으로써 법적, 제도적으로 평화가 보장되는 것을 의미한다. 북·미 수교, 북·일 수교가 동시에 진행될 수 있고 한국과 북한은 상호 연락 대표부부터 설치할 수 있다. 그러면서 한국, 미국, 일본은 한반도 평화체제 기반을 통해 북한 경제 발전을 위한 구체적 로드맵을 논의할 것으로 본다.

::05::
대북 제재 해제만으로도
북한 경제는 회복한다

　2019년 2월 제2차 북·미 정상회담 결렬은 초기 핵 폐기 범위와 유엔 안보리 대북 제재 해제에 대한 의견 차이 때문이었다. 첫 번째, 김정은 위원장은 영변 핵 시설 폐기로 한정했고 트럼프 대통령은 영변 포함 5곳의 핵 시설 폐기를 요구했다. 두 번째, 북한은 2016년 이후 5개의 유엔 안보리 제재 결의안 철회를 요구했지만, 미국은 북한의 완전한 비핵화를 확인한 후 제재 해제가 가능하다고 했다.

　영변 핵 단지에 있는 화학 처리 시설은 고농축 우라늄을 생산하는 원심분리기의 가동에 필요한 육불화 우라늄(UF6)을 생산하고 있다. 현재 생산되는 신규 핵물질은 대부분 고농축 우라늄으로 시그프리드 해커 박사는 영변이 없다면 북한의 핵 능력이 제한될 것이라고 분석했다.* 미국은 이런 점을 고려해 영변 핵 시설 폐기에 대가로 2016년 이후 5개의 유엔 제재를 해제할 가능성이 있다.

북한의 역대 최대 무역 규모는 2014년 76억 달러였는데 중국 비중이 90%나 된다. 중국을 제외한 다른 국가들과는 사실상 무역이 없었다고 볼 수 있다. 2016년 이후 5개의 유엔 경제 제재가 해제될 경우 북한은 석탄, 철광석 등 지하자원, 수산물, 의류 등의 수출이 재개될 수 있다. 과거 북한 무역의 핵심 국가였던 일본, 독일, 프랑스와 무역이 정상화될 수 있다.

또한, 중단됐던 개성공단이 재가동되어 남북한 교역이 정상화될 전망이다. 2015년 남북한 교역이 27억 달러를 기록했었던 점을 고려해 보면 남북한 교역 정상화만으로도 북한 경제 회복에 도움이 될 것이다.51 유엔 제재 해제 이후 단기간에 과거에 달성했던 최대 규모의 무역과 교역이 회복되니 과도한 중국 경제 의존도를 축소할 수 있다.

2024년 3월 유엔에 따르면, 40여 개국 이상에서 10만 명의 북한 노동자가 재봉, 건설, 의료, IT 등 다양한 분야에서 일하고 있

---

* 김정은 위원장이 내놓은 영변 시설이 낡고 수명이 다했다는 것이 워싱턴의 통념이었다. 그러나 시그프리드 해커 박사는 영변 시설이 북한 핵물질 생산과정의 심장이라고 봤다. 영변은 플루토늄과 삼중수소를 생산할 수 있는 북한의 핵 원자로 전부를 품고 있었다[시그프리드 해커 등,《핵의 변곡점》, 천지현 옮김(창비, 2023), 523~528면].

다. IT를 제외한 분야의 노동자가 연간 5억 달러를 벌어들이고 있고 IT 노동자들은 연간 10억 달러 내외의 수입을 거두고 있어 총 15억 달러가 북한에 유입되고 있다.52 유엔 제재가 해제되면 북한은 합법적으로 해외에 노동자를 파견할 수 있으므로 해외 노동자를 통한 외화 수입이 큰 폭으로 증가할 전망이다.

유엔의 경제 제재 해제로 인해 무역 정상화와 해외 노동자 파견 정상화만 돼도 북한 경제는 빠르게 개선될 것이다.

::06::
한반도 경제공동체로 발전해야 한다

2024년 기준 국민총소득(GNI)은 한국의 경우 2,443조 원이고 북한은 41조 원이다. 한국이 북한의 60배 수준이다. 1인당 GNI의 경우 한국은 4,725만 원, 북한은 159만 원으로 한국이 북한의 30배 수준이다.53 한국과 북한의 경제 협력은 북한의 경우 경제를 발전시키고 한국은 저성장의 늪에서 벗어날 기회이다.

자유무역협정(Free Trade Agreement, 이하 'FTA')은 협정 당사국 간 상품과 서비스 교역에 대한 관세 및 무역 장벽을 철폐하고 자유로운 무역을 보장하는 것이다. 다만, 역외 지역에 대한 협정 당사국의 관세 주권은 보장한다. FTA는 협정 당사국 간 무역과 투자를 증가하고 경제 발전과 일자리 창출을 촉진한다.

한국과 북한은 이를 제도화하기 위해 한반도 FTA를 체결할 수 있다. 한반도 FTA는 한국과 북한의 경제적 격차와 체제의 특성을 고려할 필요가 있다. 적용 범위는 한반도 전역과 모든 제품이 아니고 한국과 북한이 상호 합의를 통해 특정 지역에 있는 특정 제품과 서비스에 한정할 수 있다.

한반도 FTA는 한국 전 지역과 북한의 29개 경제개발구에 적용될 가능성이 높다. 초기에는 북한 지역의 경우 10개 중앙급 경제개발구에 적용되고 이후 19개 지방급 경제개발구에 순차적으로 적용될 수 있다. 그리고 한국과 북한의 경제개발구 지역에서 노동, 자본, 기술의 제한적 이동을 통해 북한 정치체제의 안정성을 보장할 수 있어야 한다.

'한반도 경제공동체'는 한국과 북한에서 생산과 소비의 전 과정을 상호 보완적으로 결합해 단일경제권을 형성하는 것을 말한다. 북한의 체제 변화를 전제로 한 제도적 경제 통합이 아니라 '화해와 공존'을 바탕으로 공동 번영을 추구하는 기능적 공동체를 의미한다. 한반도 경제공동체는 북한 경제 발전과 한국 경제의 재도약을 추구하는 과정이다.[54]

한반도 FTA는 한반도 경제공동체로 발전할 것이다. 그렇게 예측한 이유는 다음과 같다.

첫째, 중국과 가격 경쟁에서 밀리고 있는 한국 의류, 신발 기업들이 개성공단을 포함한 북한 경제개발구에 진출해 한국 내수 수요와 해외 수요에 대응할 수 있다. 북한에서 한국 의류와 신발

업체의 생산 활동은 북한의 경제 도약을 촉진할 것이다.

둘째, 북한은 원산·갈마 해안관광지구와 금강산을 연계한 관광 상품을 한국과 해외 관광객에 판매할 수 있다. 여기에 카지노, 골프장과 같은 위락 시설 등이 들어가는 복합 리조트 단지 개발을 통해 관광 수익을 높일 수 있다. 1998년 현대그룹에서 시작한 금강산 관광 사업의 경우 11년간 193만 5,000명의 누적 관광객을 기록했다. 2003년 금강산 육로 관광이 시작된 이후 2007년 한 해에만 관광객 34만 5,000명을 유치하기도 했다.[55]

셋째, 북한은 한국광해광업공단과 협력해 북한의 풍부한 지하자원을 개발할 수 있다. 최근 중국은 IT 제품, 전기차, 전투기에 사용되는 희토류를 무기화하고 있다. 중국은 전 세계 희토류 생산의 69%, 정제 및 가공의 92%를 점유하고 있다.[56] 중국으로부터 희토류 위협을 받는 미국은 북한 희토류 개발에 관심이 높다.

넷째, 북한은 국가 발전의 기반이 되는 교통과 에너지 인프라 구축을 위해 대규모 투자를 단행할 것이다. 세계은행(WB), 아시아개발은행(ADB) 등 국제금융기구와 미국, 캐나다, 영국, 독일 등으로부터 공적개발원조(ODA)를 통해 인프라 투자자금을 조달할 수 있다. 한국 당국은 이에 발맞춰 글로벌 투자자를 위한 한반도 인프라 펀드를 조성할 수도 있다.

다섯째, 북한은 경제개발구의 수출, 첨단 기술, 공업, 농업, 관광 등 특성에 맞는 해외 투자자를 유치하면서 경제 발전을 가속할 것이다. 한국 대기업과 글로벌 기업은 중앙급 경제개발구에서 사업을 전개하고 한국의 중소기업은 지방급 경제개발구에서 사업할 수 있다. 1979년 미국과 수교한 중국은 선전과 샤먼 등 경제특구에 수출 지향적 공업화 전략을 추진하면서 고도성장이 시작됐다.

한반도 경제공동체는 북한의 풍부하고 우수한 노동력에 한국의 자본력과 첨단 기술을 결합함으로써 경제 시너지를 극대화할 수 있다. 이를 통해 북한은 주민의 생활 수준을 개선할 수 있으며, 한국은 저성장의 늪에서 벗어날 수 있다. 특히 한반도 경제공동체의 성공은 동아시아의 평화와 안보에 기여할 것이다.

중국은 유엔 제재를 이유로 북·중 무역을 엄격하게 단속하고 있다. 그리고 중국에 근무하는 북한 노동자를 돌려보내는 바람에 북한 원/달러가 급등하고 북한 내 쌀값 등 주요 생필품 가격이 폭등하고 있다. 이런 이유로 김정은 정권은 중국을 대신할 수 있는 러시아와 군사 동맹을 강화했다. 그러나 러시아 파병 등 전쟁 특수가 북한 경제를 회복시키지 못하고 있다.

김정은 위원장은 중국 시진핑 주석, 러시아 푸틴 대통령 등 각국 정상들과 함께 2025년 9월 3일 중국 전승절 행사에 참석하면서 국제 외교 무대에 본격적으로 등장했다. 이를 두고 북한이 북·중·러 북방 삼각 동맹 강화를 통해 한·미·일 삼각 동맹에 대응할 것이라는 우려가 나오고 있다. 그러나 북한 무역의 98%를 중국에 의존하고 있는 상황에서 김정은 정권은 북·중·러 삼각 동맹으로 위기에 처한 북한 경제를 되살릴 수 없다. 왜냐하면, 북한 경제에 이미 달러라이제이션(달러 지배), 위안화라이제이션(위안화 지배)이 확산했기 때문에 설령 중국과 무역이 다시 활성화돼도 소비재와 자원 교역 위주의 무역만으로는 북한 경제의 토대를 살릴 수 없기 때문이다.

김정은 정권은 미국과의 관계 정상화를 통해 체제를 보장받고 위기의 북한 경제를 돌파해 새로운 경제 개발에 나설 수 있다. 이재명 대통령은 '핵 동결-축소-폐기'의 3단계 비핵화 구상을 제시했고 트럼프 대통령이 이를 북한과 타결한다면 한반도 평화 체제가 구축될 수 있다. 이러한 흐름으로 과거 어느 때보다 북한 개방의 길이 열릴 가능성이 크다. 그 길을 통해 한국 기업이 북한이라는 새로운 시장에 진출한다면 성장 동력을 확보할 수 있을 것이다.

유럽공동체는 300년간 숙적 서독과 프랑스 경제를 부흥시켰다

　유럽공동체는 한반도 경제공동체가 참고할 수 있는 국가 간 경제 협력 모델이다. 유럽공동체에 대한 이해를 통해 남북한 경제적 상호 의존과 협력으로 불신을 해소하고 상호 발전을 할 수 있는 방향성을 모색할 수 있다.

　1618년에 시작한 30년 전쟁부터 1945년 제2차 세계대전 종전까지 327년간 프랑스와 독일은 원수지간이었다. 그러나 소련에 의한 동유럽 지역의 공산화로 생존에 위협을 느낀 서유럽 국가들은 새로운 안보와 경제협력체에 대한 필요성을 절감했다. 프랑스는 경제공동체를 통해서 독일의 팽창주의를 억제하길 원했고 서독은 히틀러 독일이라는 멍에를 벗어나 정상국가가 되길 원했다.

　1950년 5월 프랑스 외무장관 로베르 슈망은 루르와 자르 지역의 석탄, 철강 생산을 공동 관리하자는 '슈망 플랜'을 제안했다. 1951년 4월 18일 프랑스, 서독, 이탈리아, 네덜란드, 벨기에, 룩셈부르크가 유럽석탄철강공동체(ECSC: European Coal and Steel Community) 설립을 위한 파리조약을 체결했다. 1947년 미국의 유럽 부흥 계획인 마샬 플랜 덕분에 전후 복구에 성공한 프랑스, 서독, 이탈리아 등 서유럽 국가들은 유럽석탄철강공동체 출범을 계기로 경제성장을 이룰 수 있었다. 이들은 상호 이해와 협력을 통해 경제적 협력을 강화했다.

1957년 로마조약에 따라 유럽경제공동체(EEC: European Economic Community)와 유럽원자력공동체(Euratom: European Atomic Energy Community)가 설립됐고 1958년에 정식 출범했다.

유럽경제공동체로 인해 관세, 경제, 회원국 간의 자본·상품·인력·서비스가 자유롭게 이동할 수 있게 되면서 단일 시장이 형성되기 시작했다. 유럽원자력공동체는 핵연료의 균형적인 공급 보장, 핵에너지의 안전과 환경보호를 관리했다.

1967년 7월 평화와 경제 번영을 목적으로 유럽석탄철강공동체(ECSC), 유럽경제공동체(EEC), 유럽원자력공동체(Euratom)를 통합해 유럽공동체(EC: European Community)가 탄생했다.[57]

유럽공동체는 서독과 프랑스의 분쟁을 사실상 종식시켰고 상호 간 정치, 경제, 문화 등 모든 분야에서 교류가 활성화되면서 양국 간의 불신이 해소됐다. 그러면서 더 높은 수준의 국가연합인 유럽연합으로 나아가는 계기가 됐다.

독일과 프랑스의 GDP는 1970년 2,170억 달러, 1,470억 달러에서 1990년 1조 8,000억 달러, 1조 3,000억 달러로 각각 8.2배, 8.6배 성장했다.

1993년 유럽공동체는 유럽연합으로 확대 및 개편됐고 1999년 단일화폐인 유로화가 출범했다. 사회주의 경제에서 시장 경제로 체제를 전환한 동유럽 국가들도 유럽연합에 가입했다.

유럽연합의 회원국은 27개국으로 구성되어 있으며 인구수는 4억 5,000만 명이며 2024년 GDP는 19조 4,000만 달러로 추정된다.

북한 잠재력에 주목하면
투자의 길이 열린다

일반적으로 북한은 핵탄두를 가진 3대 세습의 독재국가이며 1995년 대기근으로 수십만 명이 굶어 죽었던 폐쇄적인 공포국가로 인식되고 있다. GDP 등 경제적 수치 관점에서 북한은 바로 옆에 있는 저개발국가라고 볼 수 있다. 그러나 북한의 인구구조는 젊고 역동적이며 비록 해킹 위주로 증명되고 있지만, 소프트웨어 인재가 넘치는 나라다.

1995년 대기근 이후 중앙집권식 계획 경제는 해체됐고 이후 북한에서는 시장화가 확산했다. 전국에 종합시장이 400여 개 이상 있고 평양에는 현대적인 백화점과 복합 상업 시설이 있다. 북한 당국이 외부와 접촉을 차단하기 위해서 외부 인터넷망은 분리했지만, 내부 인트라넷인 '광명망'을 구축했고 전자상거래도 이뤄지고 있다. 북한 주민 1,000만 명 이상이 휴대폰을 사용하고 있으며 휴대폰 사업은 북한 당국의 주요한 조세수입원이다.

북한은 희토류를 포함한 지하자원을 풍부하게 보유하고 있어 남북한 자원 개발 협력은 양국에 모두 이익이 될 수 있는 사업이다. 김정은 정권은 신속한 북한 경제 개발을 위해서 총 29개의 경제개발구를 구축했다.

2025년 1월에 취임한 트럼프 대통령은 기존 워싱턴 정계의 문법과 완전히 다른 외교정책을 펼치고 있다. 트럼프 대통령은 북한과의 관계 정상화를 통해 동아시아에서 미국의 전략적 우위를 확보하고자 한다. 이는 한반도에 새로운 기회가 열려 있음을 의미한다. 뛰어난 통찰력으로 미래의 일을 정확하게 예측할 수 있다는 '명견만리(明見萬里)' 시각에서 북한의 잠재력에 주목하면 엄청난 투자의 기회가 앞에 있음을 알 수 있을 것이다.

:: 01 ::
젊고 역동적인 인구구조

사회주의 국가에서 출생은 유기체적 집단 공동체를 만들어 내는 가장 중요한 과정으로 보고 있다. 한국 전쟁 직후 북한은 전쟁 복구를 위해 출산 장려책을 펼치면서 인구가 급격하게 증가했다. 급증하는 인구가 경제에 부담이 되자 다자녀 가구에는 식량을 배급할 때 차별을 두는 출생 억제책을 시행했다.

그러나 1995년 대기근으로 인구 감소를 우려한 김정일 정권은 1961년 제1차 전국 어머니 대회 이후 열리지 않았던 전국 어머니 대회를 1998년에 개최했고 출산의 의무를 여성에게 부여했다. 2005년 제3차 전국 어머니 대회에서 다산과 자식들을 병사로 키우는 것을 강조했다.[58]

김정은 정권은 민족과 출산을 연결해 '다산이 애국'이라며 주민들을 설득하고 있다. 집권 초기인 2012년 제4차 전국 어머니 대회를 개최해 결혼과 출산을 강조했다. 북한은 저출산 위기를 타개하기 위해 2022년 육아법을 채택하면서 전국 어린이들에게 유제품을 포함한 영양식품을 무상으로 지원하기로 했다.

2023년 12월에 열린 제5차 전국 어머니 대회에서 김정은 위원장은 이틀 연속 참석해 연설했다. 이는 1961년 김일성 주석 연설 뒤 62년 만에 처음이다. 특히, 김정은 위원장은 눈물을 흘리면서 어머니의 역할을 부각했으며 출산율을 직접 언급하고 자녀를 많이 낳은 어머니들을 뽑아 공화국 노력 영웅 칭호와 제1급 훈장을 수여했다.[59]

2023년 북한 인구는 2,578만 명으로 남한 5,171만 명의 절반 수준이지만 합계출산율은 1.6명으로 남한 0.72명에 비해 0.88명이 많다. 2023년 한국의 출생아 수가 23만 명임을 고려해 보면 북한의 출생아 수는 남한보다 높았다고 추정해 볼 수 있다.

2023년 북한의 연령계층별 구성비를 보면, 0~14세까지 비중은 18.9%, 65세 이상 비중은 11.1%이다. 반면, 한국의 0~14세까지 비중은 11%, 65세 이상 비중은 18.2%이다. 이를 통해 북한 인구가 한국과 비교해 상대적으로 젊고 역동적이라는 것을 알 수 있다.[60]

2020년 북한의 도시 인구 비율은 62.4%로, 한국 81.4% 대비 19%p 낮다. 이를 역산해 보면, 북한 농촌 인구는 972만 명으로

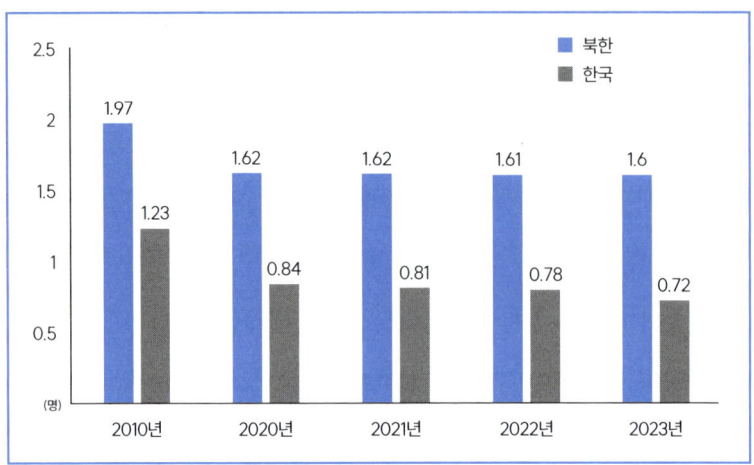

• 출처: 「2024 북한의 주요통계지표」(통계청)

한국 964만 명과 유사하다. 북한이 농업 생산성을 개선하면 상당한 농촌 잉여인력을 보유하고 있다고 볼 수 있다. 북한 당국이 초기 경제 개발단계에서 노동집약적인 경공업 산업의 육성을 결정할 경우 농촌의 잉여인력을 산업인력으로 전환할 수 있는 잠재력이 크다고 볼 수 있다.

2023년 말 한국 제조업 밸류 체인(Value chain)의 핵심 도시인 울산의 제조업 근로자 18만 명 가운데 50대 이상은 전체의 43%로 2013년 29% 대비 무려 14%p 증가한 수치다. 2023년 1~3분기 국내 조선사들이 신규로 고용한 인력 1만 4,359명 중 86%

가 외국인이었다. 제조업 현장의 급속한 고령화로 인해 한국 제조업 경쟁력이 하락할 가능성이 크다.[61] 이를 고려해 보면, 북한의 젊고 역동적인 인구구조가 한국 제조업의 고령화에 따른 경쟁력 하락을 보완해 줄 것이다.

한국 제조업체는 한반도에 있으면서 같은 언어를 사용하는 북한의 젊은 근로자를 고용하는 방안을 적극적으로 고려해야 한다. 한국 기업이 북한의 개성공단, 나선경제무역지대, 평양 인근의 와우도수출가공구와 진도수출가공구, 제철소가 있는 청진에서 제조업을 추진할 경우 인건비가 낮으면서도 기술이 좋은 북한의 젊은 근로자를 고용하면 이점이 꽤 많다.

::02::
탁월한 소프트웨어 인재가 넘친다

   소련 등 사회주의 국가는 수학과 과학교육을 중시했다. 북한도 한국 전쟁 중인 1952년 국가과학원을 설립해 인재를 육성하기 시작했다.

   국가과학원은 200여 개 연구소와 3만 명의 연구원을 보유하고 있으면서 생산 현장과 밀접한 응용과학에 중점을 두고 있다. 1998년 김정일 정권은 '사회주의 강성대국' 목표를 달성하기 위한 과학 기술을 강조했다.

   북한은 1998년 '제1차 과학 기술 발전 5개년 계획'을 발표하면서 컴퓨터를 학교에서의 의무교육으로 도입했다. 김일성종합대학과 김책공업종합대학 등 주요 대학에 컴퓨터 소프트웨어 관련 학과를 신설했다.

   2003년에는 컴퓨터 소프트웨어 보호법을, 2004년에는 소프

북한의 금성 제1중학교 컴퓨터 수업

• 출처: 『2018 북한 이해』(국립통일교육원)

트웨어 산업법을 공포했다. 2008년 '제3차 과학 기술 발전 5개년 계획'에서는 IT와 CNC(컴퓨터 수치 제어) 기술 대중화를 통한 '단번 도약' 정책을 추진했다.

북한은 인도의 IT 전략을 벤치마킹해 자본 집약적인 IT 하드웨어 사업보다 지식 집약적인 소프트웨어 사업 관련 인력 양성에 주력하고 있다. 이와 관련해 2010년 북한 교육성은 한국 동북아교육문화협력재단과 공동으로 북한 최초의 사립대학인 '평양과학기술대학'을 설립하고 운영하고 있다.

평양과학기술대학은 이공계 특화 국제대학으로 정보통신공학부, 농생명공학부, 경영학부 등이 있다. 교수진은 주로 미국, 유럽 등 외국인으로 구성되며 모든 수업은 영어로 진행한다.

박찬모* 명예총장은 "인공지능, 클라우드 컴퓨팅, 자율주행 등 한국에서 하는 건 북한도 다 하고 있다고 보면 된다. 북한은 물자 부족으로 하드웨어가 달리니 지식으로 할 수 있는 소프트웨어에 사활을 건다. 소프트웨어 수준만 보면 북한은 선진국이다. 북한 바둑 프로그램인 은별바둑은 세계 컴퓨터 바둑대회에서 7년간 우승했다. 북한은 수학적 사고가 강하다. 초등학교 수학 시간만 한국의 2배쯤 된다"라고 말했다.[62]

북한 내 IT 전문가로 소프트웨어 개발, 애니메이션, 게임, 데이터 처리 등 다양한 분야에서 약 3만 명이 근무하는 것으로 추정한다. 북한 당국은 평양의 락랑구역 내 중국 기업과 합작 형태로 소프트웨어 개발, 데이터 처리 사업을 하고 있다.[63]

북한 정찰총국은 온라인에서 외화벌이와 방산 기술을 탈취하는 IT 인력 조직을 운영하고 있다. 북한 IT 인력은 중국, 러시아 등에 파견되어 위장 신분으로 전 세계 IT 기업에서 일감을 수주하고 있고 일부는 정보 탈취, 사이버 공격에 가담하고 있다. 2024년 전 세계 암호화폐 탈취금액 약 13억 달러의 61%가 북한 소행이라고 추정한다.[64]

북한은 수십억 달러의 대규모 설비 투자가 필요한 반도체, 디

---

* 포항공대 컴퓨터공학과 교수 및 총장, 제1대 한국연구재단 이사 등을 지냈고 평양과학기술대학 명예총장으로 있다.

스플레이, 이차 전지 등 IT 하드웨어 산업에 필요한 인력을 양성할 수 없었다. 대신, 인도처럼 탁월한 소프트웨어 인력을 양성해왔다.

　한국 대기업은 IT 하드웨어 산업에 집중했고 상대적으로 소프트웨어 산업에 소홀했다. 한국의 IT 하드웨어 실력과 북한의 IT 소프트웨어 실력을 결합하면 인공지능, 빅데이터 등 4차 산업혁명을 주도하는 세계적인 IT 회사를 만들어 낼 수 있다고 본다.

::03::
장마당과 돈주가
북한판 시장 경제를 주도한다

1991년 소련 붕괴로 인한 냉전 해체*와 1995년 대기근으로 북한의 배급제가 사실상 붕괴됐다. 이로 인해 수십만 명이 아사했고, 주민들은 스스로 식량을 조달했다.

장마당은 1990년대 후반 북한의 경제난으로 주민들이 생계를 위해 자생적으로 만든 불법적인 시장을 통칭하는 용어다. 2003년 북한은 불법적인 장마당을 종합시장으로 합법화했고 이제 북한 주민들은 장마당을 시장으로 인식하고 있다.65

돈주는 장마당에서 돈을 모은 신흥 자본가들을 지칭한다. 초기 돈주들은 주로 중국 화교, 북송 재일교포, 탈북민 가족들로 장마당에서 유통 사업과 고리대금업을 통해 자본을 모았다. 조선노

---

* 소련 해체 이후 러시아가 원유의 현금 결제를 요구하자 북한의 원유 도입량이 대폭 축소됐다. 이로 인해 비료 생산량이 급감했고 공장 가동률은 20% 이하 수준으로 떨어졌다.

동당과 군대 산하 외화벌이 관련 기관에서 일했던 사람들 혹은 이들의 친인척들이 무역과 이권 사업을 통해 부를 모았다. 그러다가 시간이 갈수록 장마당에서 사업을 통해 자본을 모은 자수성가형 돈주가 등장했다.

장마당에서는 식량, 공산품 등 다양한 제품들이 거래되고 있다. 북·중 접경 지역에서 밀 무역과 불법 무역 활동을 통해 유입된 다양한 상품이 장마당에서 유통되자 장마당이 전국적으로 퍼져나갔다.

장마당과 같은 시장이 확산하자 김정일 정권은 주민에 대한 통제력을 상실할 수도 있다고 우려했다. 북한 당국은 2009년 11월 화폐 개혁과 종합시장 철폐를 시도했으나 주민들의 반발로 실패했다. 이는 북한이 과거 중앙집권식 계획 경제로 복귀할 수 없고 장마당 없이는 북한 경제를 지탱할 수 없다는 것을 의미한다.

화폐 개혁 실패와 물가 급등에 따른 위기의식을 느낀 김정은 정권은 시장을 활용하는 정책으로 전환했다. 2012년 6월 '우리식 경제관리방법'을 도입하면서 경제 주체에 자율성과 인센티브를 제공해 북한 경제를 활성화했다.

농업에서는 '분조관리제 안에서의 포전담당책임제'를 통해 국가 몫을 제외한 초과 생산물은 농민에게 분배하고 있다. 또한, 공장과 기업소(企業所)가 '사회주의 기업 책임관리제'를 통해 현장

책임자에 권한을 부여하고 초과 생산량을 시장에 판매할 수 있도록 허용했다.

북한 주민들은 초기에 '배낭(등짐)' 장사에서 시작해 지역 간 부족한 물자를 유통해 이익을 얻는 '되거리 장사', 종합시장에서 일정 자리를 통해 장사하는 '매대 장사'로 발전했다. 북한 당국은 시장에서 매대를 빌려 장사하는 주민들에게 시장 사용료(장세)를 징수하고 있다.66 종합시장은 2022년 기준 414개 정도가 운영되고 있다.67 종합시장은 매일 열리며 국가 핵심 통제 제품을 제외한 모든 농산물과 공산품이 거래되고 있다. 북한 당국도 시

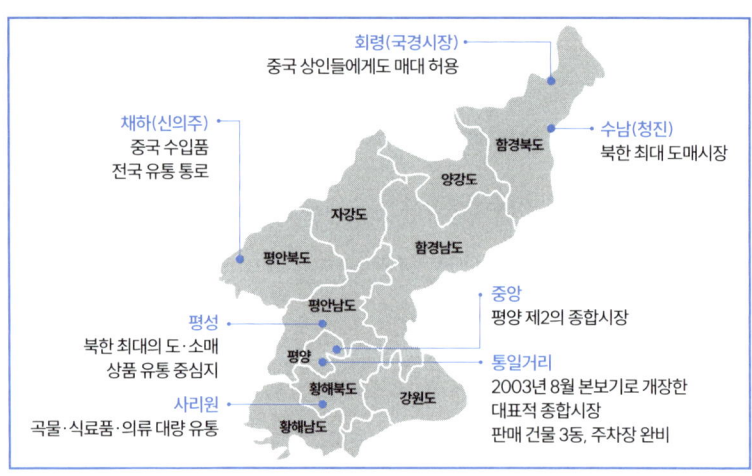

북한의 대표적 종합시장

- 출처: 『2024 북한 이해』(국립통일교육원)

장을 통해 정부 재정을 충당하고 있다.

평양 락랑구역에 있는 통일거리시장은 북한 최초로 합법적인 종합시장이다. 작은 매대가 2,000개 이상 밀집되어 있다. 최근 이름이 낙랑시장으로 변경됐다. 평양의 토성도매시장은 새벽 4시 30분부터 시작하며 지방 상인들이 버스를 타고 올라오는데 농산물, 수산물, 공산품 등 다양한 물품이 도매 거래되고 있다.

평양에 있는 류경금빛상업중심은 중국 투자로 건설한 북한 최대 규모의 복합 상업 시설로 쇼핑, 숙박, 오피스 등을 한데 모았다. 북한의 최대 옷 도매시장은 평안남도 평성의 옥전시장이다. 옥전시장 주변 마을에 옷 가내공장이 즐비하며 하루 10만 명 넘게 모여들어 거래하고 있다. 북한 최대 도매시장인 청진의 수남시장에 최신 의류 공장이 들어서면서 옥전시장과 서로 경쟁하고 있다.[68]

돈주들은 사금융을 통해 자금을 융통해 주고 있으며 다양한 사업에 투자하면서 경제적 이익을 극대화하고 있다. 초기에는 도소매업종과 시외버스, 택시 등 물류업종에 종사했으나 시간이 갈수록 건설, 채굴, 제조업 분야 등으로 영역을 확대해 나갔다.

돈주들은 공장이나 기업소의 명칭을 빌려 독자적으로 노동자들을 고용하고 사업하면서 수익의 일정 부분을 해당 기관에 납부한다.[69] 돈주들은 대형 국가 프로젝트에 외화 혹은 건축 자재

평양역 앞의 대동강 택시와 벌이버스(시외버스)

• 출처: 『2018 북한 이해』(국립통일교육원)

등으로 '충성 기부'를 하면서 국가로부터 여러 가지 경제적 이익을 획득하고 있다. 북한 권력층은 돈주와 결탁하여 각종 부정부패를 일으키기도 한다. 이제 장마당과 돈주는 북한 경제를 지탱하는 핵심축이다.

일반적으로 한국 기업들이 신흥 개발국에 진출하는 경우 초기에는 현지 사정을 잘 알지 못하기 때문에 현지 업자들과 합작 형태로 진출한다. 북한은 폐쇄적인 국가이기 때문에 한국 유통과 운송업체들이 단독으로 진출하는 것은 사실상 불가능하다. 주요한 장마당에서 사업을 주도하고 있는 돈주와 협력해서 진출하는 전략을 모색할 필요가 있다.

:: 04 ::
휴대폰 보급 확대로
시장의 효율성이 높아지고 있다

일반적으로 북한은 3대 세습국가로 철저하게 주민을 통제하고 있어 북한에서는 중요한 통신 수단인 휴대폰 사용이 사실상 불가능하다고 알고 있다. 그러나 돈만 있으면 북한 주민 누구나 휴대폰을 사용할 수 있다. 북한 주민들은 휴대폰을 통해 서로 연락하면서 장마당과 각종 상업 활동에서 가격과 물량을 결정하고 있다. 휴대폰이 생산물시장과 유통시장을 포함한 장마당을 활성화하고 있으며 수요와 공급의 효율성을 개선하고 있다.

북한 당국은 휴대폰을 주요한 재정 수입으로 활용하고 있는데, 주민들에게 휴대폰 개통에 보통 300달러 가입비를 받고 있다. 또한, 주민들이 외부와 접촉하는 것을 차단하기 위해 외부 인터넷망을 완전히 분리하는 대신에 정부 기관, 학교, 기업 등에서 연결되는 인트라넷으로 '광명망'을 구축했다.

휴대폰을 사용하고 있는 평양 시민

• 출처: 『2018 북한 이해』(국립통일교육원)

2008년 이집트의 통신업체인 오라스콤텔레콤이 북한의 체신성과 합작으로 '고려링크'를 설립했다. 고려링크는 평양에서 3세대 네트워크 기반의 휴대폰 서비스를 시작했고 2011년 전국으로 확대했다. 북한 당국은 2011년 제2의 이동통신 회사인 '강성네트'를 출범시켰고 2015년 인터넷 사업자인 '별'에 제3의 이동통신 사업권을 부여했다. 유니세프(UNICEF)에 따르면, 2017년 휴대폰 보급률은 도시의 경우 80.4%이며, 농촌은 50.6%로 추정했다.70

2020년 12월에 이동통신법이 제정됐다. 이는 휴대폰이 단순한 통신·통화 수단을 넘어 주민들의 생활 개선을 보장하려는 의지 표명이라고 볼 수 있다. 북한의 공식 경제 학술지『경제연구』에 따르면, 휴대폰 보급은 세계적인 정보화 추세를 따르기 위해 필요한 조치이며, 북한 당국은 향후 전자상거래도 가능한 상업 플랫폼과 금융 시스템을 구축하는 것을 검토하고 있다.[71]

북한 내 휴대폰 가입자는 2009년 6만 9,000명, 2015년 324만 명, 2022년 635만 명으로 추산되고 있다.[72] 2023년에는 〈조선신보〉가 휴대폰 사용자를 1,000만 명으로 추산했다. 그리고 날씨, 건강 관리, 전자 결제 등 다양한 분야에서 사용되고 있으며 쇼핑 앱인 '만물상'에 등록된 400개의 점포가 6만 점의 상품을 취급하고 있다고 보도했다.

북한의 10대 최우수 기업으로 선정된 소프트웨어 개발사 삼흥경제정보기술사가 출시한 스마트폰과 태블릿 PC용 앱 '나의 길동무'가 인기를 끌고 있다. '나의 길동무'는 영상, 라디오, 전자도서, 노래방 음악, 게임 등을 제공하고 있으며 주민들은 인트라넷 '광명망'을 통해 이용할 수 있다.

::05::
희토류를 포함한
풍부한 지하자원에 주목하라

지하자원은 금속광물, 비금속광물, 에너지자원으로 구분된다. 금속광물에는 철, 구리, 중석, 아연, 우라늄 등이, 비금속광물에는 마그네사이트, 흑연, 석회석, 형석, 규석 등이 있다. 에너지자원은 석유, 석탄, 천연가스를 지칭한다.

북한에는 현재 220종 이상의 유용 광물이 부존해 있으며 경제적 개발 가능성이 있는 광물은 43종으로 추산된다. 경제적 가치가 있는 광물자원은 희토류, 마그네사이트, 갈탄, 무연탄, 철광석, 아연, 금을 포함해 20종에 이른다.[73]

북한에 지하자원이 풍부한 이유는 광상(鑛床) 형성에 유리한 지질구조가 넓게 펼쳐져 있기 때문이다. 함경남도 단천과 양강도 혜산에 걸쳐 있는 마천령 육괴 지형이 중국의 길림성과 요녕성까지 연결되어 있는데 이 지형에 엄청난 지하자원이 매장되어

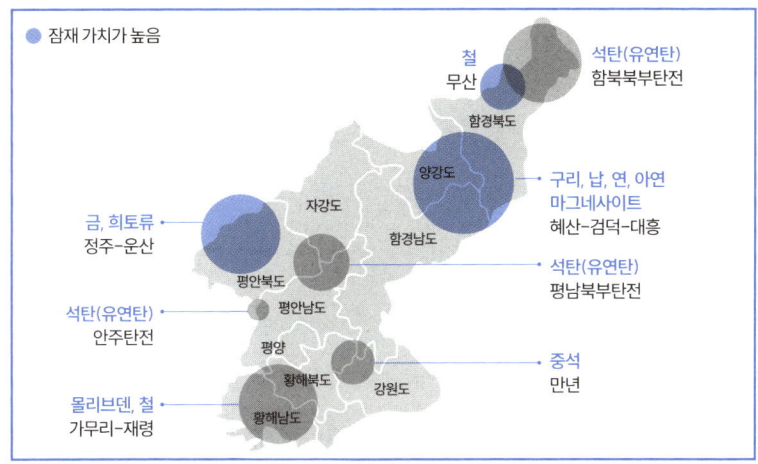

• 출처: 한국지질자원연구원

있다. 여기에 마그네사이트, 아연이 묻혀 있고, 인접 지역인 함경 북도 무산에 철광석이 있다.[74]

북한자원연구소는 북한 지하자원의 잠재가치를 9조 8,000억 달러로 한국보다 21배 수준으로 추정했다(2012년 기준). 세부적으로는 석탄 3조 5,000억 달러, 석회석 2조 9,000억 달러, 마그네사이트 1조 3,000억 달러, 철광석 6,207억 달러 등으로 분석됐다.[75]

북한 당국은 우라늄이 2,600만 톤에 달해 세계 최대 규모라고 선전해 왔으며, 경제성 있는 우라늄 매장량은 약 400만 톤 정도

된다고 밝혔다. 이는 세계 1위 우라늄 보유국가인 호주 170만 톤보다도 많다.76 우라늄은 주로 평안남도 순천과 황해북도 평산에 매장되어 있다.

마그네사이트는 항공기, 자동차, IT 제품의 경량화에 중요한 비금속광물이다. 미국지질조사국에 따르면, 북한의 경제성 있는 마그네사이트 매장량은 4억 5,000만 톤으로 러시아, 중국에 이어 세계 3위다.77 엄청난 매장량에도 불구하고 마그네사이트 1차 가공 설비의 노후화와 전력 부족으로 생산량은 많지 않다. 또한, 고품질의 마그네시아(마그네사이트를 용융시켜 얻는 물질)를 생산하기 위해서는 역청탄이 필요한데 북한은 역청탄이 없어 저품질의 마그네시아만을 생산하고 있다.

희토류는 원소기호 57번부터 71번까지의 란타넘계 원소 15개와 21번인 스칸듐(Sc), 그리고 39번인 이트륨 등 총 17개 원소를 총칭한다. 희토류는 탁월한 화학적, 전기적, 자성적, 발광적 특성을 보유하고 있다. 스마트폰, 디스플레이 등 IT 제품, 전기차, 태양광, 첨단 무기, 우주 항공에 필요한 핵심 소재다.

최근 중국은 미국의 고율 관세 부과 위협에 '희토류 수출 통제'로 대응하고 있다. 북한은 중국과 더불어 희토류 매장량도 풍부하다. 미국 콜로라도 광업대학교 산하 페인연구소는 미래 에너지와 자원 경쟁을 좌우할 수 있는 희토류 시장에서 북한이 세계

최대의 매장량을 갖고 있을 수도 있다고 했다.[78]

무엇보다도 북한의 희토류는 품위(Grade)가 높아 경제적 가치가 높다고 평가된다. 그런데 전력 부족, 채굴과 제련 설비의 노후화, 운송 인프라 부실화로 제대로 상업화가 되지 못하고 있다. 이 3가지가 해결되면 생산량은 큰 폭으로 증가할 것이다.

2010년 북한은 국가자원개발지도국을 국가자원개발성으로 승격해 지하자원의 전략 개발을 추진하고 있다. 2013년 국제 사모펀드인 SRE미네랄스는 평안북도 정주에서 희토류를 개발하기 위해 북한의 조선천연자원무역회사와 합작 투자 계약을 체결했다. 북한 정주가 단일 지역으로는 세계 최대 희토류 매장 지역일 가능성이 있다.[79]

2003년 대한광업진흥공사가 북한 황해남도 정촌 흑연광산 개발을 통해 세 차례에 걸쳐 흑연을 한국에 반입했던 경험이 있다. 북·미, 남·북 관계가 개선되면 한국의 종합상사가 북한 지하자원 개발에 적극적으로 나설 것으로 예상한다.

한국은 희토류가 반드시 필요한 스마트폰, 디스플레이, 전기차 등 첨단 산업에서 중국과 치열한 경쟁을 하고 있다. 그러므로 남북한의 희토류 개발 협력 사업은 향후 한반도의 미래를 결정하는 중요한 국가 사업이 될 수 있다.

::06::
경제개발구를 통해 경제 발전에 나선다

1984년 북한은 외국 기업의 투자를 끌어내기 위한 '합영법'을 제정했지만 이후 외국인 투자 유치는 저조했다.

1991년 12월 함경북도 나진과 선봉을 자유경제무역지대로 지정하고 적극적인 외국인 투자 유치를 모색했다. 이를 위해 수출 가공, 중계 무역, 관광, 외자 유치를 위한 제도를 정비했으나 기대만큼 성과를 거두지 못했다.

2002년 김정일 정권은 7.1 경제관리 개선조치를 단행하면서 '신의주특별행정기본법', '개성공업지구법', '금강산관광지구법'을 제정해 경제특구를 확대했다. 신의주특별행정지구는 홍콩과 중국의 선전 모델을 벤치마킹했으며 별도의 입법, 행정, 사법권을 가졌다. 중국 정부가 신의주특별행정구의 초대 행정관으로 임명된 네덜란드 화교인 양빈을 체포한 이후 사업이 지지부진해

지면서 2013년 신의주특별행정구를 폐지했다.

한국이 투자한 개성공업지구는 운영되다가 2016년 대북 제재를 이유로 폐쇄됐고, 금강산관광지구는 2008년 한국 관광객 피격 사건으로 중단됐다.

2010년 천안함 사태 이후 한국의 5.24 조치로 남북경협이 위축되면서 김정일 정권은 2010년 나선시를 특별시로 격상시켰다. 2011년 북한은 중국과의 경제 협력을 강화하기 위해 황금평과 위화도를 5번째 경제특구로 지정했다.

북한은 2013년 기존 국가경제개발총국을 '국가경제개발위원회'로 승격하고 산하기관으로 '조선경제개발협회'를 설립했다. 김정은 정권은 북한 전 지역을 발전시키기 위해 2013년 5월 '경제개발구법'을 제정하고 11월 신의주경제특구와 13개 지방급 경제개발구를 지정했다. 경제개발구법은 투자자들의 재산과 소득, 신변, 지적 소유권 등을 보호하며 토지는 북한 현행법상 최장 기간인 50년 동안 임차할 수 있다고 명시했다. 투자자들이 기업 경영에 필요한 물자 등을 반입할 때 관세를 면제하고 이윤과 재산을 자유롭게 외부로 송금할 수 있다고 되어 있다.[80]

북한은 2023년 중앙급 10개와 지방급 19개 경제개발구 등 총 29개의 경제개발구를 설치했다. 경제개발구는 특성에 맞게 공업개발구, 농업개발구, 관광개발구, 수출가공구, 첨단기술개발구

북한의 경제개발구 현황

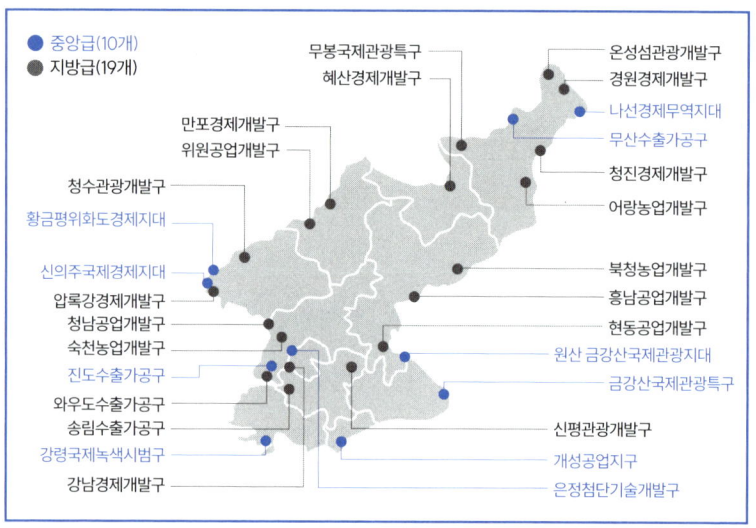

• 출처: 『2024 북한 이해』(국립통일교육원)

등으로 구분된다.

김정은 정권은 첨단기술개발구를 강조하면서 해외의 첨단 기술을 도입해 인재를 양성하고자 한다. 평양시 은정첨단기술개발구가 대표적이다.[81]

한국 정부는 북한 경제개발구의 규모, 인프라, 특성을 고려한 프로젝트를 단계적으로 추진할 필요가 있다. 우선 북한 당국과 협의를 통해 개성공업지구, 금강산국제관광특구, 나선경제무역지대에서 사업을 재개할 수 있다.

아울러 단기적으로 프로젝트의 성과를 평가한 후, 북한 경제개발구의 특성, 규모, 지리적 위치에 적합한 한국 기업의 진출 프로젝트를 추진한다. 예를 들면, 한국 정부의 정책적 지원을 바탕으로 철강, 화학 등 중화학 기업은 물류와 항만 인프라가 구축된 나선경제무역지대에 진출하고 소프트웨어 벤처기업은 은정첨단기술개발구에 진출할 수 있다.

한국 기업과 북한 경제개발구의 연계 프로젝트의 성공 여부가 향후 한반도 경제공동체 구축에 기반이 될 수 있다.

*

북한의 젊고 역동적인 인구구조는 한국의 고령화된 인구구조를 보완해 줄 수 있다. 특히 한국의 IT 산업과 북한의 탁월한 소프트웨어 인력을 결합하면 4차 산업혁명을 주도할 수 있는 세계적인 IT 회사를 남북한 합작으로 만들 가능성이 매우 높다.

북한은 과거 중앙집권식 계획 경제에서 장마당과 돈주가 주도하는 시장 경제로 전환하고 있다. 이에 한국 기업은 각 지역에 있는 유력한 돈주를 모색해 초기 사업을 추진하는 것이 필요하다. 현재 북한에 1,000만 대 이상 보급된 휴대폰이 북한의 시장화를 촉진하고 있다.

북한은 희토류를 포함한 풍부한 지하자원을 보유하고 있다. 특히 희토류는 4차 산업혁명과 첨단 무기에 필수적인 핵심 광물이다. 미국은 대중국 의존도를 줄이기 위해 희토류 확보에 사활을 걸고 있다. 그래서 북한이 매력적인 이유다.

  한국 정부는 북한의 29개 경제개발구의 규모, 인프라, 특성을 고려한 맞춤형 진출 전략을 수립해 한국 기업이 각각의 특성과 사업 전략에 적합한 경제개발구에 진출할 수 있도록 지원해줘야 한다.

남북한 보건 협력,
인적자본에 대한 투자다

　1995년 '고난의 행군' 당시 북한의 5세 미만 사망률은 1,000명당 107.7명을 기록했으나 2003년부터 다소 개선됐다. 그러나 여전히 2020년 북한의 5세 미만 사망률이 출생아 1,000명당 16.5명으로 한국 3.2명 대비 5.2배나 높다. 유니세프(유엔아동기금)에 따르면 북한은 영유아의 필수 백신 접종률이 크게 떨어졌다고 분석하고 있다.[82]

　2020년 북한의 5세 미만 발육 부진 아동 비율은 18.2%로 한국 1.8% 대비 10.1배나 높다.

　북한은 한국 대비 높은 출산율을 기록하고 있지만, 열악한 보건과 식량 상황으로 인해 젊은 세대의 건강 상태가 좋지 못하다. 특히 북한의 무상 보건의료체제가 붕괴하면서 주민 대부분은 병원에 갈 수 없는 상황이다.

2020년 5세 미만 사망률(천 명당)

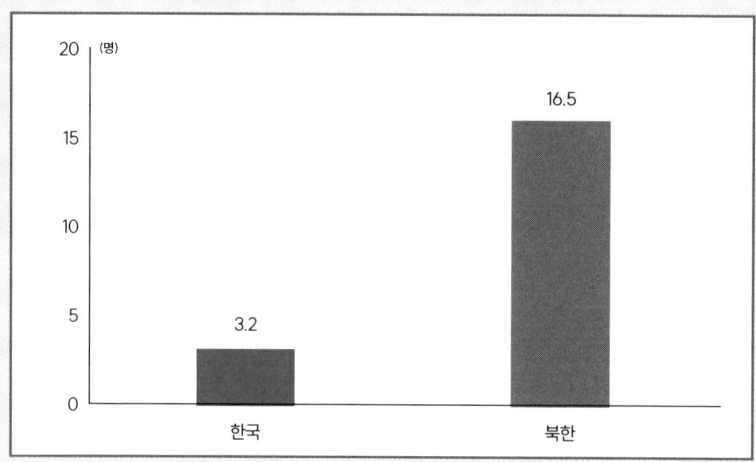

• 출처: 유니세프, 유엔의 통계

2020년 5세 미만 발육 부진 아동 비율

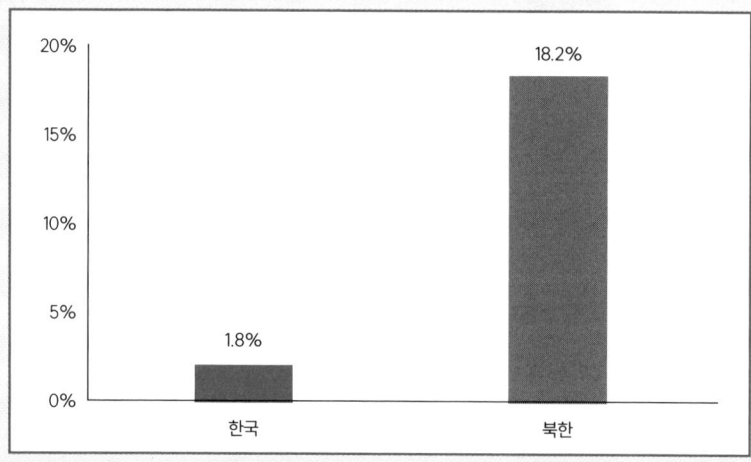

• 출처: 「2024 북한의 주요통계지표」(통계청)

1995년 '고난의 행군' 시기에 일부 북한 주민은 의약품 대신 마약을 투약하기 시작했고 2020년부터 시작된 코로나 창궐로 국경이 봉쇄되자 마약이 농촌에까지 퍼졌다.

　2021년 3월 WFP(유엔세계식량계획) 직원 2명이 코로나 사태로 북한을 출국하면서 북한에 상주하는 유엔 산하 국제기구 직원은 전부 철수한 게 됐다. 2023년 8월 유엔 안전보장이사회 산하 대북제재위원회는 유니세프의 대북 식수·위생 지원 프로그램의 제재 면제 요청을 승인했다. 유니세프는 2024년 북한에 필수 백신 710만 회분을 지원했다. 이를 통해 북한 신생아, 어린이, 산모 등에게 B형 간염, 홍역, 풍진, 파상풍, 디프테리아, 결핵, 소아마비 백신을 접종했다.[83]

　한국 정부는 유엔 제재와 무관한 대북한 보건 협력을 적극적으로 추진할 필요가 있다. 우선 한국 제약 기업과 협력해 백신 등 대규모의 필수 의약품을 북한에 무료로 제공하는 프로젝트를 검토하는 것이 중요하다. 여기에 분유, 영유아 물품까지 지원을 고려할 필요가 있다.

　한국 정부는 유엔인구기금(UNFPA)이 북한의 인구 총조사를 추진할 수 있도록 지원할 필요가 있다. 이를 바탕으로 한국 정부는 효율적으로 북한의 영유아와 보건 및 의료 사업에 지원할 수 있다. 이는 남북한 보건 수준 격차를 해소하는 동시에 건강하고 지속 발전할 수 있는 인구구조를 구축할 수 있는 기반이 된다.

　북한에 대규모 보건과 의료 지원 프로젝트는 인도적 사업이면서 향후 한반도 경제공동체 발전을 주도하는 인적자원에 투자한다는 관점에서 접근하는 자세가 필요하다.

북한 해킹 기술에
세계적인 소프트웨어 실력이 있다

  한국 정부는 2009년 7월 발생한 7.7 디도스 사태, 2011년 농협 전산망 마비 등 각종 사이버 테러를 북한의 소행이라고 보고 있다. 미국은 2014년 소니픽처스가 김정은 위원장의 암살을 주제로 제작한 영화 '디 인터뷰'를 해킹한 조직으로 북한의 정찰총국을 지목했다. 또한, 2017년 6월 전 세계 병원, 기업의 네트워크를 공격했던 '워너크라이'도 북한의 정찰총국과 연관이 있다고 발표했다. 그래서 미국 상원 군사위원회 소속 민주당과 공화당 의원들은 북한의 사이버 전력에 대한 우려를 표명하고 있다.

  〈월스트리트저널(WSJ)〉에 따르면, 북한에서는 10대 초반 해커 요원으로 결정되면 해킹과 컴퓨터 바이러스를 배우는 특별학교에 진학하고 군대 복무도 면제된다. 북한은 이들을 엘리트 해커 요원으로 양성한다. 육성된 전문 해커는 7,000명 수준이며, 해외 해킹,

방위 산업 기업 해킹, 악성코드 등 3개 팀으로 운영된다고 보도했다.84 코트라(대한무역투자진흥공사)에 따르면, 북한이 양성한 사이버 전쟁 전문가는 3만 명 이상으로 추산되고 있다. 해킹 기술력은 미국 중앙정보국(CIA)과 맞먹는 수준이라고 밝혔다.85 북한은 소형 무인기, GPS 교란, 전자전 등 사이버 전력을 강화하고 있다.

 미국 법무부가 북한의 '라자루스'를 북한 군사 조직의 일원으로 연계된 최정예 해커그룹으로 규정했다. 북한의 엘리트 해커들이 소속된 라자루스는 2010년대 중반부터 세계를 상대로 거액의 현금 혹은 암호화폐 관련 해킹 범죄를 일으켰다. 라자루스는 병원 등 공공시설 네트워크에 침투해 암호화폐로 대가를 요구한다. 이런 방식으로 라자루스가 2017년부터 2023년까지 모은 비트코인은 약 30억 달러로 추정된다. 2023년 미국 IT 기업 '해커어스(HackerEarth)'는 전 세계 학생 1,700명이 참여한 온라인 해킹대회를 열었는데 1~5위는 전부 북한 김책공업종합대학교와 김일성종합대학교 학생들이 휩쓸었다.86

 한국 IT와 통신 대기업들은 북한의 사이버 해킹 소프트웨어 실력을 민간 소프트웨어 부문으로 전환하는 것을 모색할 필요가 있다. 북한의 사이버 해킹 전문가들은 상당수가 평양에서 살고 있으므로 한국 기업은 평양의 은정첨단기술개발구에서 이들과 사업 협력 모델을 만들어 볼 수 있다.

5장

1단계 투자 ①
개성공단과 관광 사업 재개

1998년 2월에 취임한 김대중 대통령은 남북 관계 개선을 추진했고 현대 그룹 정주영 회장은 1998년 11월 금강산 관광을 성사시켰다. 2000년 6월 남북 정상회담에 이어 8월 개성공단 설립에 합의했고 2004년 6월에 15개 업체가 개성공단에 입주하기 시작했다. 이후 2016년 1월 북한의 제4차 핵실험으로 중단될 때까지 가동됐다.

앞으로 북·미 관계 정상화에 대한 합의가 타결되면 신속하게 개성공단과 관광 사업부터 재개될 수 있다. 이와 연결되어 한국 음식료 기업도 대북 사업을 재개할 수 있다.

그러므로 남북경협 초기 단계 때부터 부각할 개성공단과 관광 사업 등의 과거 성과를 평가해보고, 사업 재개 전망과 관련 유망업종을 알아보자.

::01::
개성공단은
한국의 미래 생산기지다

김대중 정부는 북한의 정치적 이유를 고려해 휴전선 인근의 개성에서 남북한 경제 협력 사업을 추진했다. 이는 중국 최초 경제 특구로 지정된 선전이 홍콩에 인접했다는 점에서 착안했다고 볼 수 있다.

개성은 서울에서 40킬로미터 이내이며 인천항, 인천공항과도 가까워 최적의 교통·물류 인프라를 갖추고 있다. 특히 개성공단은 인근 지역에서 풍부한 노동력을 확보할 수 있다는 장점이 있다.

한국과 북한은 개성을 중국의 선전과 같은 국제 자유 경제지대로 지정해 제조·금융·상업 및 관광 산업을 포함하는 종합적인 국제 자유도시로 개발하고자 했다.

개성공단 개요와 성과

2000년 6월 남북 정상회담에서 한국과 북한은 남북한 경제 협력의 필요성을 공감했고 8월 현대아산은 북한과 '개성공업지구 건설 운영에 관한 합의서'를 체결했다.

2002년 11월 북한은 개성공업지구법을 공포했고, 12월 현대아산은 50년간 개성공업지구 2,000만 평 토지 이용증을 취득했다. 이후 2003년 6월 개성공단 착공을 시작했고, 2004년 12월 리빙아트가 첫 제품을 생산했다. 개성공단 사업은 1단계 100만 평, 2단계 250만 평, 3단계 550만 평을 개발할 계획이었다. 그 후 개성시가지 400만 평, 장래 확장지 700만 평까지 개발하게 되면 총 2,000만 평이 된다.

개성공단은 2003년 6월 착공식 이후 2004년 6월에 15개 업체가 시범 단지 2만 8,000평에 입주하고 2005년 10월에는 '남북경제협력협의사무소'가 설치되면서 본격적으로 가동했다.

중국, 베트남과 비교해도 저렴한 인건비와 정부의 세제 혜택으로 개성공단 입주 기업이 증가했다. 2015년 12월 개성공단 입주 기업은 124개로 증가했지만, 여전히 계획 300개의 42% 수준이었다. 업종별로는 섬유 72개사(58%), 기계금속 24개사(19%), 전기·전자 13개사(11%), 화학 9개사(7%) 순이다.

개성공단 첫해인 2005년 생산 실적은 1,500만 달러였고 이후

2009년 2억 5,600만 달러로 증가했다. 2015년 생산실적은 5억 6,300만 달러로 2014년 4억 7,000만 달러 대비 20% 증가한 역대 최고를 기록했다. 2015년 생산액 기준, 업종별 비중은 섬유 53%, 전기·전자 22%, 기계금속 17% 순이었다. 2015년 북한 근로자 1인당 생산성은 1만 244달러로 2014년 8,712달러 대비 20% 개선됐다.[87]

2015년 북한 근로자 수는 5만 4,988명으로 2007년 2만 2,538명 대비 144% 증가했다. 의류업체 가운데 신원에벤에셀, 인디에프개성은 각각 1,808명, 1,209명을 고용해 고용 규모가

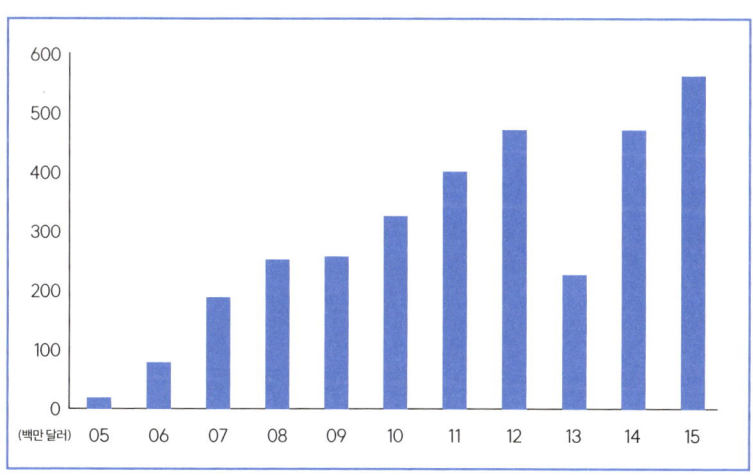

개성공단 생산 실적 추이

• 출처: 「2016 통일백서」(통일부)

컸다. 전기·전자업체 가운데는 전기밥솥 제조업체로 알려진 쿠쿠전자가 249명을 고용했다. 북한 근로자의 임금은 매년 5% 인상으로 합의했으며 2015년 말 기준으로 기본급 월 73.9달러에 사회보험료 등을 포함해 월 180~190달러를 받았다.[88] 개성공단의 인건비 경쟁력은 중국과 베트남보다 높아 노동집약적인 산업에서 비교우위가 탁월하다고 평가할 수 있다.

2005년부터 2013년 개성공단 입주 상장사 10곳의 매출액은 평균 116.8%, 영업이익은 142.2% 증가했다. 연평균 성장률로 환산하면, 매년 매출액과 영업이익은 10.2%, 11.8%씩 성장했다. 개성공단에서 하는 사업에 대해서는 법인세 혜택, 남북 교역 물자에 대한 관세 면제, 남북한 간 소득에 대한 이중과세 방지 협약 체결 등에 따른 세제 인센티브가 있었다. 2014년 기준, 개성공단 근로자의 기본급은 70.5 달러로 청도 327달러, 울란바토르 318달러, 마닐라 272달러 등보다 높은 임금 경쟁력을 보유하고 있었다.[89]

개성공단 입주 기업 사례

신원의 자회사 신원에벤에셀은 2004년 5월 개성공단 입주 1호 기업으로 2004년 5월 제1공장(1,385평)을 준공했고 2006년 제2·제3공장(1,100평)을 추가로 지었다. 신원은 국내 패션 기업 최초로 북한에서 패션쇼를 개최했다. 박성철 신원그룹 회장은 북한과 육로 이동이 가능해 물류비 부담이 적고 같은 언어를 쓰면서도 인건비가 저렴해 효율적으로 고품질의 제품을 만들 수 있음을 큰 장점으로 봤다.[90]

김기문 중소기업중앙회장이 경영하고 있는 시계업체 로만손(현 제이에스티나)은 2005년에 진출했다. 개성공단 시범 단지 약 2,600평에 총 61억 원을 투자해 연면적 2,855평의 공장을 운영하면서 월 3만~4만 개의 시계를 생산했다. 그러다가 2009년 11월 대북 정치적 리스크로 인해 추가 투자는 하지 않았다.[91] 쿠쿠전자는 2008년 개성공단에 연 84만 대의 생산 규모를 갖춘 공장을 가동했다. 이는 쿠쿠전자의 연간 생산 대수 394만 대 가운데 21%를 차지했다.[92]

유통사로 유일하게 개성공단에서 편의점 CU 매장을 3개 운영한 BGF리테일에 따르면, 2015년 개성공단 매장의 매출에서 코카콜라가 1위에 올랐고 뒤를 이어 초코파이, 신라면, 맥심모카믹스 순으로 나타났다.[93]

2016년 개성공단 사업 중단

2010년 천안함 피격 사건이 발생하자 남한은 5.24 조치를 내렸다. 5.24 조치에는 '① 북한 선박의 남측 해역 운항 및 입항 금지, ② 남북 간 일반 교역 및 물품 반출입 금지, ③ 우리 국민의 방북 불허 및 주민과의 접촉 제한, ④ 대북 신규 투자 금지, ⑤ 영유아 등 순수 인도적 지원을 제외한 대북 지원 사업의 원칙적 보류' 등을 담고 있었다.

한국 정부는 개성공단에 대한 신규 투자 금지와 남한 측 체류 인력을 50% 축소하는 결정을 내렸다. 2011년 일반 교역과 위탁가공 교역은 90% 이상 감소했지만, 개성공단 생산 실적은 24% 증가했다. 개성공단에 대한 신규 투자 제한에도 불구하고 섬유와 전기·전자업종의 생산 증가 때문이었다.

2013년 2월 북한의 제3차 핵 실험에 따른 대북 제재로 인해 북한은 4월에 일방적으로 개성공단 가동을 잠정 중단했다. 개성공업지구 정상화를 위한 합의서를 채택한 후 9월에야 재가동했다. 그러다가 2016년 1월 북한의 제4차 핵 실험 및 장거리 미사일 발사에 대한 제재를 위해 한국 정부는 개성공단 전면 가동 중단 결정을 내렸고 입주 기업은 철수했다.

개성공단 재개 가능성

미국과 유럽연합은 개성공단을 역외가공지역으로 인정하지 않았기 때문에 개성공단 생산액의 90%는 한국에 유입됐다. 미국의 수출관리법과 대적성교역법으로 인한 대북 제재로 개성공단에 전략 물자(첨단 설비, 부품, 소재)의 반입이 불가능했기 때문에 첨단 기술업체의 입주는 사실상 어려웠다.

이제 트럼프 2기 행정부가 북한과 외교 관계를 정상화한 후 한국과 북한이 개성공단 재개를 위한 합의가 성사된다면 개성공단부터 빠른 속도로 재개될 것이다.

2018년 6월 제1차 북·미 정상회담이 끝난 후 개성공단 기업 비상대책위원회와 중기중앙회가 공동으로 조사한 설문조사에서 응답 기업(124개 대상 기업 중 101개 응답)의 96%가 재입주 의사를 밝혔다. 단, 정치적 이유로 공장 가동을 중단하는 일이 없도록 법적, 제도적 요건을 명확히 하는 것이 중요하다고 봤다.

재입주를 희망하는 이유로 개성공단에 근무하는 젊은 노동자의 기술 숙련도가 탁월하며 언어가 같아 기술 이전이 수월하다는 점을 들었다. 그렇다면 개성공단에서의 패션 사업이 빠르게 변화하는 (한국) 소비자 선호에 대응할 수 있다는 장점을 제일 먼저 떠올릴 수 있을 것이다.[94]

개성공단 재개와 유망업종: 의류·신발·가방 등 패션업종

2015년 말 개성공단 입주 기업 124개 가운데 58%인 72개가 섬유업종이었다. 2015년 섬유업종의 생산액은 3억 달러로 전체 생산액 5억 6,000만 달러의 53%를 차지했다.

개성공단 입주 기업 현황

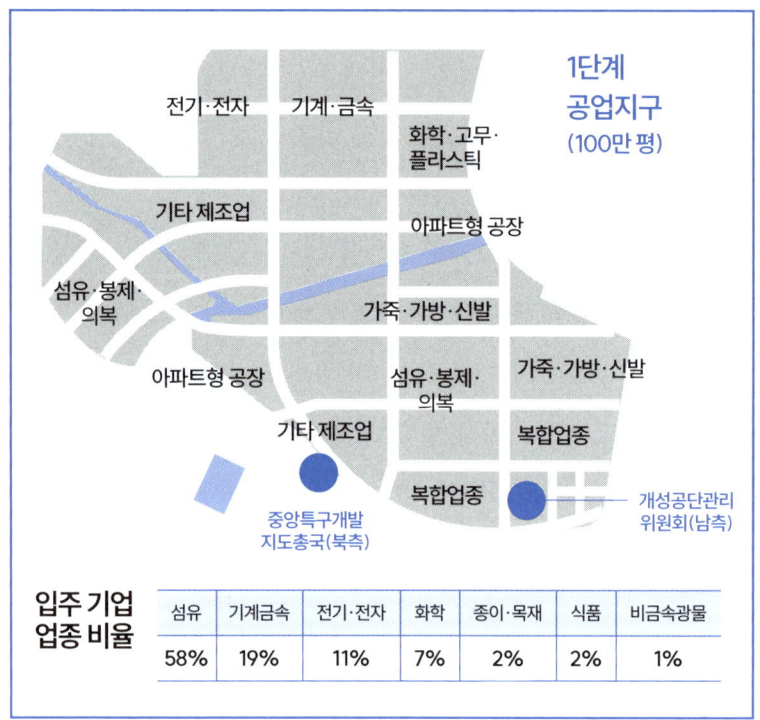

• 주: 2015년 기준

　섬유·의류업종은 대표적인 노동집약적인 산업으로 인건비가 원가 경쟁력의 핵심이다. 2023년 1인당 GDP는 한국 3만 5,570달러, 중국 1만 2,174달러, 베트남 3,817달러, 방글라데시 1,869달러, 캄보디아 1,553달러이다.95 추정하고 있는 북한 1인당

GDP 1,200달러*를 고려해 볼 때 개성공단 인건비는 가장 탁월한 경쟁력을 가졌다고 평가할 수 있다.

미국과 유럽연합이 개성공단을 역외가공지역으로 인정하지 않았기 때문에 개성공단에서 생산된 의류 제품 대부분은 한국에 유입됐다. 만약 유엔의 대북 제재가 해제되고 북·미 관계가 개선된다면 미국과 유럽연합에 의류를 수출하는 업체가 개성공단에 입주할 것으로 기대된다. 베트남, 방글라데시, 캄보디아에서 사업을 하는 의류, 신발, 핸드백 등 패션업체가 개성공단 1단계 100만 평에 입주할 경우 사업 성공 가능성이 크다.

2002년 7.1 조치 이후 시장화가 확산하면서 북한의 의류 산업이 점진적으로 개선되고 있었다. 유엔의 대북 제재가 본격화하기 전인 2016년 북한의 수출 품목 가운데 광물을 제외하고 의류 수출금액은 7억 2,000만 달러로 가장 큰 비중을 차지했었다.[96]

북한은 풍부하고 저렴한 노동력을 보유하고 있고 의류와 신발 산업이 발전하는 데 최적의 여건을 갖고 있다. 글로벌 가치사슬 관점에서 한국 의류·신발 기업의 경우 남한에서 디자인과 제품 개발 부문에 특화하고 북한에서는 생산에 특화한다면 경쟁력이 빠르게 향상될 전망이다.

---

* 한국은행에서 계산한 2024년 북한 1인당 GNI 172만 원에 원/달러 환율 1,400원을 적용해 산정.

첫째, 한국 의류·신발 기업은 개성공단에서 사업을 진행하면서 북한 내에서 위탁 가공 무역을 추진할 수 있다. 2024년 한국의 의류, 신발의 해외 수입액이 각각 131억 달러, 36억 달러라는 점을 고려해 보면, 개성공단과 위탁 가공 무역을 통한 의류와 신발 반입은 한국의 수입 대체 효과와 더불어 초기 북한 경제성장에 도움이 될 전망이다.

둘째, 한세실업, 화승엔터프라이즈 등 글로벌 의류와 신발 ODM* 업체들이 미국과 유럽연합 고객사와의 협력을 통해 개성공단 진출을 모색할 수 있다. 북한과 미국이 외교 관계를 정상화할 경우 수출 관세 혜택을 받을 수 있어 개성공단에서 생산되는 의류와 신발의 가격 경쟁력은 높아질 가능성이 있다.

---

* ODM(Original Development Manufacturing: 제조자 설계·생산 방식)은 주문자의 생산 위탁에 따라 제조업체가 제품을 개발하고 생산하는 것을 말한다.

::02::
동북아 관광 허브를 꿈꾸는 북한의 관광 사업

　트럼프 대통령은 2018년 제1차 북·미 정상회담 기자회견에서 북한에는 훌륭한 해변이 많으니 포탄을 쏘는 발사대 뒤쪽으로 세계에서 최고 좋은 호텔을 가질 수 있다고 말했다.

　2025년 1월 취임식 직후 트럼프 대통령은 북한의 '해안가 콘도'를 언급하면서 북한 관광과 호텔 사업에 엄청난 관심을 보였다. 특히 유엔의 대북 제재에서는 관광 자체를 금지하는 조항이 없다는 점 때문에 트럼프 대통령은 북·미 관계 정상화 이전이라도 미국 국민의 북한 관광 금지를 해제한다면 관광 사업은 즉각 재개될 수 있다.

금강산 관광 사업 개요와 성과

　김일성 정권은 관광을 산업으로 인식하지 않았다. 그러다가

1970년대 중반부터 외환 사정이 악화하자 외화벌이 목적으로 관광 산업에 관심을 가졌고 1986년 '국가관광지도총국'을 설치했다. 1996년 나진·선봉 자유경제무역지대에 관한 관광규정 제정을 통해 외국인의 호텔과 카지노 투자를 유치했다.

1989년 1월 현대그룹 정주영 회장은 북한과 '금강산 관광 개발 및 시베리아 공동 진출에 관한 의정서'를 체결했다. 이후 10년이 지난 1998년 11월 금강산 관광이 시작됐다.

북한은 2002년 10월 '금강산 관광지구' 지정과 11월 '금강산 관광지구법' 제정을 통해 관광 사업의 활성화를 추진했다. 여객선뿐만 아니라 육로 관광이 가능해지면서 다양한 금강산 관광 상품이 등장했다.

외금강 관광뿐만 아니라 내금강 관광도 선보였다. 외금강호텔이 개장했고 농협이 금강산 지점을, 2007년 5월 한국관광공사가 금강산 면세점을 열었다. 2007년 금강산 관광객은 2016년 23만 4,000명에서 34만 4,000명으로 47% 급증했다.[97]

2008년 5월 에머슨퍼시픽(현 아난티)은 현대아산으로부터 50년간 재임대한 대지 약 51만 평에 골프장(18홀)과 리조트(96실)가 들어선 금강산 아난티를 완공하기도 했다.

금강산 관광 사업은 1998년부터 2008년 7월 관광객 피격 사건으로 중단되기까지 11년 동안 누적 관광객 193만 5,000명을 기록했다.

원산·금강산 국제관광지대 사업 본격화

스위스 유학 경험이 있는 김정은 위원장은 관광 산업에 주목했고 마식령산맥에 대형 스키장을 건설했다. 북한은 2014년 6월 원산·금강산 국제관광지대를 중앙급 경제개발구로 지정했다. 원산·금강산 국제관광지대는 원산·갈마 해안관광지구, 마식령 스키장지구, 울림폭포지구, 석왕사지구, 통천지구, 금강산지구로 이뤄져 있다.

원산지구개발총회사가 작성한 투자 대상 안내서에 따르면, 김정은 정권은 '원산을 싱가포르처럼 만들겠다'라는 포부 아래에 사업을 진행했다. 원산 및 금강산 관광에 연간 100만 명 수준의 관광객을 유치하겠다는 것이다.

북한은 호텔, 산업 시설, 원산-금강산 철도, 통천수력발전소 등 70여 개 사업을 계획하고 있다. 그리고 2016년 원산·갈마비행장을 평양순안국제공항에 이어 두 번째 국제공항으로 선포했다. 이 지역은 러시아, 중국, 일본 등 인접 나라들로부터 1~2시간 내 도착이 가능하다는 지리적 이점을 강조하고 있다.[98]

북한은 삼일포·해금강지구에 외국인 단독 기업 투자 방식으로 카지노 호텔을 계획했다. 김영철 통일전선부장이 2018년 6월

1일 백악관에서 트럼프 대통령에게 원산, 마식령 일대에 투자 지원을 요청한 것으로 알려졌다.99 북한은 2023년 관광객의 안전 보장, 관광 발전 계획, 해외 투자 유치 등을 포함한 '관광법'을 제정했다.

2014년에 개발을 시작한 원산·갈마 해안관광지구는 당초 2019년에 완공을 목표로 했다. 북·미 정상회담 실패, 유엔 제재와 코로나로 인해 수차례 공사가 중단됐다가 러시아의 도움으로 2025년 6월 준공됐다. 약 2만 명이 숙박할 수 있는 대형 해변 관광 단지로 다양한 오락과 상업 시설 등을 갖추고 있다. 러시아의 한 여행사는 원산·갈마 해안관광지구를 방문하는 7박 8일 패키지 관광 상품을 출시했다. 이 상품 가격은 1인당 약 1,500달러로 책정되어 있다.100

2021년 유네스코 세계 유산 등재 신청을 했던 금강산은 2025년 7월 자연과 문화가 공존하는 특별한 유형인 '복합 유산'으로 세계 유산에 등재됐다. 현재 북한의 세계 유산은 2004년 '고구려 고분군'과 2013년 '개성역사유적지구'가 있다. 북한 당국은 원산·갈마 해안관광지구와 금강산을 연계한 관광 상품을 출시해 관광객 유치 확대를 추진할 전망이다.

홍콩 엠퍼러그룹은 2000년 10월 나진·선봉 자유경제무역지대에 카지노 호텔을 개장했다. 2004년 약 5만 명의 중국 관광객이 나진과 선봉에 있는 카지노 호텔을 방문한 것으로 알려졌다. 카지노는 고수익 관광 사업이기 때문에 북한 당국은 원산·갈마 해안관광지구에서 카지노 사업을 검토할 가능성이 있다. 특히 일본 관광객을 위한 파친코 사업도 포함될 수 있다. 계획대로 진행된다면 원산은 동북아 관광 허브가 될 수 있으며 전 세계 투자자의 유치를 촉진할 가능성이 크다.

관광 사업 재개와 유망업종: 여행, 호텔, 카지노

유엔 제재와 상관없이 북한 관광 사업은 가능하다. 과거 금강산 관광 사업이 개성공단 사업보다 빨리 진행되었던 점을 고려해 보면, 북한 당국은 선제적으로 한국 관광객을 유치할 가능성이 크다.

북·미와 북·일 관계 정상화는 북한의 관광 사업을 더욱 촉진할 전망이다. 미국, 일본 관광객뿐만 아니라 중국 관광객의 북한 방문도 증가할 전망이다.

북한 당국은 원산·갈마 해안관광지구에 연간 100만 명 이상의 관광객 유치를 목표로 하고 있다. 현재는 러시아 관광객 중심이지만 남북 관계가 개선될 경우 최소한 2007년 금강산 관광 때의 한국 관광객 35만 명 이상 유치는 가능할 전망이다.

북한 당국은 중국과 일본 관광객 유치를 위해서 원산·갈마 국제공항을 운영하고 있다. 관광 수익을 높이기 위해서 카지노 사업을 도입할 것으로 보이는데 카지노 여행에 관심이 높은 중국 관광객의 유입이 커질 것으로 전망한다.

과거 북한은 일본 니가타에서 원산으로 만경봉호를 통해 조총련계 재일교포를 북송했다. 일본 관광객의 원산 방문이 본격화될 경우 북한 당국이 목표로 하는 100만 명은 달성 가능한 수치라고 판단된다.

원산·금강산 국제관광지대의 관광 상품을 1인당 1,500달러로 책정하고 관광객을 100만 명으로 가정하면, 관광 수입은 연간 15억 달러다. 여행사 몫(30%)을 고려한 북한 순 외화 획득은 10억 달러 이상으로 추산할 수 있다. 여기에 카지노 사업 수익까지 합산하면 북한이 관광으로 버는 외화는 더 커질 수 있다.

2025년 트럼프 대통령 소유의 기업인 트럼프 오거니제이션은 베트남 부동산 개발사 낀박시티와 합작해 약 300만 평에 2조 원 규모의 고급 리조트 단지 공사를 시작했다. 이 단지는 2029년 완공 목표로 골프장 3개, 5성급 호텔, 고급 주거 단지와 각종 편의시설이 들어선다. 또한, 호찌민시에 '트럼프 타워' 빌딩 사업도 검토 중이다.[101]

트럼프 오거니제이션이 북한 당국과 합작으로 원산 혹은 평양에 트럼프 리조트 또는 트럼프 타워 프로젝트를 추진할 경우 해외 투자자들도 이 지역에 리조트, 카지노 등 각종 관광 사업을 투자할 수 있다. 한국의 호텔과 카지노 기업이 트럼프 오거니제이션과 합작으로 원산과 평양에 진출하는 것도 좋은 방안 중 하나라고 판단한다.

2024년 한국의 해외 출국자는 2,869만 명이며 방한한 외국인 관광객은 1,637만 명이다. 북한 당국은 이들의 5%인 약 200만 명이 원산·금강산 국제관광지대에 방문할 수 있도록 규제 완화와 편의를 제공하는 것이 중요하다. 그렇게 되면 한국의 여행, 호텔, 카지노 관련 업체들은 북한 관광 사업 재개에 따른 수혜를 기대할 수 있다.

:: 03 ::
개성공단과 관광으로
길이 열리는 한국 음식료

북한 음식료 산업의 현황

1995년 대기근으로 인한 '고난의 행군'을 극복한 북한은 2003년 '경공업의 현대화'를 강조하면서 음식료 사업을 육성했다. 2000년대 후반부터 각 도에 종합 식품 공장을 신설하고 주민들의 수요에 대응했다.

김정은 위원장은 집권 초기부터 주민 생활 개선을 강조하면서 식료품 공장 현장에 직접 방문해 생산 설비의 현대화와 생산 공정의 자동화를 요구하고 있다. 북한 당국은 2018년 식료품 위생법을 개정하고 공장별 위생 안정성을 강화했다.

북한 당국은 평양에 현대적인 설비를 갖춘 대규모 김치, 빵, 맥주 가공 공장을 완공했으며 평양 구역별로 간장, 된장 등 기초식품 공장을 건립했다. 평양밀가루가공공장, 대동강식료공장, 평양

어린이식료품공장, 대성산샘물공장 등 다양한 음식료 공장이 가동하고 있다. 지역주민의 수요에 대응하기 위해 지방별로 옥수수 가공 공장, 장 공장, 술 공장 등 중소 규모의 공장이 설치되어 있다.[102]

2015년 준공된 원산갈마식료공장에서는 명란젓, 말린 명태 등 다양한 수산물 가공품을 제조하고 있다. 대동강맥주공장은 현대적 시설을 완비하고 우수한 맥주를 생산하고 있다.

2011년에는 김정일 국방위원장 지시로 류경김치공장이 완공됐다. 2017년 1월 김정은 위원장의 류경김치공장 시찰 이후에는 전국 각지에 김치 공장이 건설됐다.

북한 주민들은 특별한 기호품이 없어서 담배를 애용한다. 북한 보건성은 2014년 북한의 남성 흡연율이 43.9%에 달한다고 발표했다.[103] 이는 한국 36.2%, OECD 평균 24.4%에 비해 높다. 대성담배공장, 평양담배공장은 각각 고급 담배와 준고급 담배를 생산해 당 간부 등에게 공급하고 있다. 김정은 위원장은 고급 담배인 '7.27'을 애용하고 있다.

북한의 담배 공장은 담배 종이와 포장지가 부족해 공장 가동률이 저조한 상황이다. 그런 상황에서 북한의 담배 수요가 공급을 초과하고 있어 중국으로부터 담배 수입이나 밀수를 통해 조달된다. 일반인들은 담뱃잎을 종이로 말아 피우기도 한다. 2018년 중

국에서 수입한 담배는 6,900만 달러어치로 곡물 수입액보다 2배나 많았다.104

한국 음식료가 판매될 때의 유망업종: 라면, 제과, 음료, 김치, 담배

롯데그룹은 개성공단에 롯데 초코파이와 칠성사이다를 공급한 경험이 있으며 CJ제일제당은 밀가루, 조미료 등 필수 식료품을 북한에 무상 지원한 경험이 있다.

개성공단과 관광 사업이 재개되면 한국의 음식료 제품이 판매되는 길이 연결될 것이다. 창업주가 북한 지역 출신인 오뚜기, 샘표, 오리온 등 기업들도 북한에 제품을 판매하거나 대북 사업을 추진할 수 있다.

농심은 백두산 지하수를 통해 연변농심공장에서 생수 '백산수'를 생산하고 있다. 현재 백산수는 중국 연변에서 다롄항까지 철도로 운송해서 한국으로 들어오고 있다. 만약 북한 나진항을 통해 들여오면 운송 거리가 1,200킬로미터로 단축될 수 있다. 롯데그룹이 2017년 연해주 지역의 영농법인 및 토지경작권을 인수했다는 점을 고려해 보면, 향후 한국-북한-러시아를 연계하는 음식료 사업을 추진할 수 있다.

전 세계에서 K-푸드 열풍으로 김치 수요가 급증하면서 중국산 김치 판매가 증가하고 있다. 한국 기업이 개성공단에 김치 공장을 세우면 저렴하고 우수한 품질의 김치를 세계에 수출할 수 있다. KT&G의 협력업체가 북한 담배 공장에 담배 종이 혹은 포장지를 공급한다면 북한의 담배 생산량이 증가할 수 있다. 이처럼 라면, 제과, 음료, 김치 등 한국 음식료 기업은 대북 사업을 통해서 새로운 기회를 모색할 수 있다.

*

과거 개성공단에서 생산된 제품 대부분은 한국 내수 시장에만 한정됐었다. 그러나 이제는 다를 수 있다. 북·미 관계 정상화로 미국의 대북 제재가 해제되면 개성공단에서 생산된 제품이 미국으로 수출이 가능해지므로 개성공단 재개로 인한 사업 가치는 과거보다 월등히 높아진다.

최근 베트남 인건비가 가파르게 상승하고 있는데 베트남에서 의류, 패션, 신발 등의 사업을 하는 한국 기업이 개성공단으로 이전하면 큰 성과를 거둘 수 있다.

유엔의 대북 제재에서 북한 관광 자체를 금지하는 조항이 없으므로 트럼프 대통령이 미국 국민의 북한 관광 금지를 해제만 한다면 바로 원산·금강산 관광지대에서 관광이 시작될 수 있다. 그러면 금강산을 포함한 북한 관광의 재개가 가능하다. 최근 한국을 찾는 외국인 관광객이 급증하고 있는데 한국의 여행사가 남북한 관광 연계 상품을 판매할 수도 있다.

 개성공단과 관광 사업이 재개하면 한국 음식료업체는 발을 맞춰 대북 사업을 본격적으로 추진할 수 있다. 한국 음식료업체가 개성공단에 가공 식품 공장을 세우면 저렴한 가격의 한국 음식이 K-푸드 열풍을 타고 세계에 판매하는 기회가 열릴 것이다.

현대아산의
움직임에 주목하자

　현대아산은 남북경제협력(남북경협)의 상징적인 기업이다. 그러므로 현대아산의 움직임을 살펴보면, 남북경제협력의 방향을 예측해 볼 수 있다. 금강산 관광 독점권, 개성공단 개발권, 백두산 관광 및 동해선·경의선 연결 등 7개 분야에 대한 포괄적 사업권을 갖고 있기 때문이다.

　현대그룹 창업주 정주영 회장은 1998년 6월 16일 소 500마리를 몰고 민간인 최초로 판문점을 통해 북한을 방문했다. 같은 해 10월 27일 정 회장은 소 501마리를 몰고 두 번째로 북한을 방문해 김정일 국방위원장을 만나 금강산 관광, 남북 협력 사업을 논의했다. 이후 1998년 11월 금강산 관광이 시작되면서부터 현대그룹이 남북경협 사업을 주도했다.

　정주영 회장은 1999년 2월 남북경협을 전담하는 현대아산을 창립했다. 현대아산은 금강산 관광 사업권과 시설 투자에 약 6억 6,000만 달러를 투입했다.

현대아산은 2000년 8월 북한 조선아시아태평양평화위원회와 '개성공업지구 건설 운영에 관한 협의서'를 체결했다. 이후 북측에 5억 달러를 지급하고 전체 6,600만 제곱미터 규모의 개성공단 총개발권을 획득했다. 이후 2003년 6월 개성공업지구 건설을 착공해서 2004년 6월 시범 단지 5만 평을 준공하기도 했다.

이때 북한 7대 사회간접자본 사업권도 획득했다. 7대 사회간접자본 사업권은 철도, 전력, 통신, 통천비행장, 임진강댐, 금강산 수자원, 명승지 관광 사업(백두산, 묘향산, 칠보산 등) 등의 내용을 담고 있다. 그래서 남북경협 재개 관련 뉴스가 나올 때마다 현대아산이 등장한다.

현대아산의 최대 주주(82.96%)인 현대엘리베이터는 그동안 현대아산의 재무적 어려움을 해소하기 위해 수시로 유상증자에 참여했다. 개성공단과 관광 사업 재개는 현대아산과 현대엘리베이터의 실적 개선에 중요한 모멘텀이 될 것이다.

6장

1단계 투자 ②
인프라 투자와 자원 개발로
경제 도약의 초석을 마련한다

개발도상국이 경제 발전을 추진하기 위해서는 가장 먼저 효율적인 교통·물류와 에너지 인프라 구축을 해야 한다. 현재 북한의 교통·물류와 에너지 인프라가 매우 열악하므로 이 인프라만 개선해도 북한 경제는 빠르게 개선될 수 있다.

북한의 이러한 상황은 인프라 구축에 뛰어난 한국 기업에 매우 중요한 사업 기회이다. 인프라 구축과 동시에 북한의 풍부한 자원을 효율적으로 개발할 수 있는 협력 사업 추진도 모색해야 한다.

북한 개발의 경우 기존에 운영했었던 개성공단부터 재개되면서 교통, 물류, 그리고 에너지 인프라 구축이 초반부터 진행될 것이다. 그래서 5장과 6장을 1단계로 묶어서 설명했다.

::01::
북한 경제 개선의 전제조건은 인프라 투자다

　과거 한국의 교통 인프라는 철도 중심으로 이뤄져 있었으나 1962년 제1차 경제 개발 5개년 계획으로 인해 물류의 이동이 급증하면서 도로 교통망 구축이 필요했다. 1964년 서독 아우토반을 시찰한 박정희 대통령은 물류 문제를 해결하기 위해 경부고속도로 건설을 결정했다. 또한, 한국 정부는 철강, 자동차, 조선, 석유화학 등 중화학공업 육성에 필요한 에너지를 안정적으로 확보하기 위해 1971년 고리원자력발전소 건설을 추진했다.

　북한 당국도 경제 도약을 하기 위해서 신속하게 교통과 에너지 인프라 구축을 추진할 것이다. 건설, 건설 장비, 시멘트, 철강, 전력, 신재생 에너지 등에 뛰어난 실적과 실력을 가진 수많은 한국 기업은 북한의 교통·물류와 에너지 인프라 구축 사업에 참여할 수 있어 초반부터 긍정적인 경제 파급 효과를 얻을 수 있다.

북한 교통·물류 인프라 현황

북한의 험준한 산악지형과 풍부한 지하자원 개발을 위해서는 철도가 효율적이다. 일제강점기 때 일본은 북한에 3,800여 킬로미터에 달하는 광대한 철도를 구축했었다. 북한 정권은 남북한 군사적 대결을 위해 중화학 공업을 육성하면서 주철종도(主鐵從道) 원칙에 따라 철도 중심의 교통과 물류 인프라를 강화했다. 전체 운송 분담률에서 철도가 86%를 차지해 도로 12%, 해운 2%를 압도했다.

북한의 철도망은 12개의 본선과 90여 개의 지선으로 연결되어 있다. 서쪽에 경의선(서울 - 평양 - 신의주), 동쪽에 경원·함경선(서울 - 원산 - 상삼봉), 중앙에 평원선(평양 - 고원)을 축으로 간선들이 연결된 H자 구조를 이루고 있다. 2023년 기준, 북한의 철도망 연장은 5,325킬로미터로 추정되며 대부분이 단선이고 전철 비율은 80.9%이다[2023년 기준, 한국의 철도 연장은 4,148킬로미터(선로 연장 9,959킬로미터)].105 주요 철도역은 주로 핵심 지하자원이 많은 함경도에 있다.

전기기관차의 마력은 디젤기관차보다 높아 경사진 북한지형에 적합할 뿐만 아니라 수송 능력이 2배다. 북한의 자력갱생 경제 원칙에 따라 전기기관차는 해외에서 수입되는 원유가 아닌 석탄 화력 발전이나 수력 발전에 의존한다. 그러나 북한 철도는 70%

북한의 주요 간선철도 구축

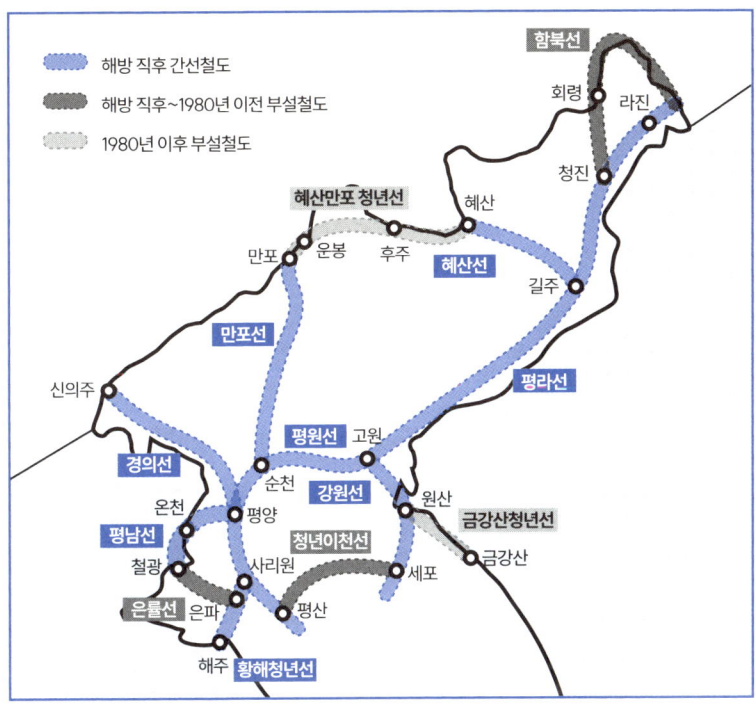

• 출처: 『KDB 북한 개발』(KDB산업은행, 2017년 겨울호)

이상이 일제강점기 시대에 완공됐고 1995년 경제난 이후 제대로 개보수가 되지 않았다. 또한, 전력 부족으로 전철의 운행이 자주 중단되고 있어 철도의 평균 운행속도는 시속 30킬로미터 이하다.

2023년 북한의 도로 총연장은 2만 6,221킬로미터로 남한 11

만 5,878킬로미터의 23% 수준이다. 북한의 고속도로는 658킬로미터로 한국 4,973킬로미터의 13%에 불과하다. 북한을 대표하는 고속도로 중 하나인 평양-원산 고속도로는 1973년에 완공됐으며, 주요 고속도로는 평양을 중심으로 6개가 있다.

북한의 도로는 철도역과 주변 지역을 연결해주는 철도의 보조 수단이다. 북한 국도의 도로 포장률은 10% 미만이며 대부분이 왕복 2차선이다. 북한의 자동차 대수는 23만 4,000대로 한국 2,594만 대의 1% 미만이다.[106]

일제강점기 때 일본은 북한의 지하자원과 중화학 물자를 해외로 운송하기 위한 수단으로 항만을 구축했다. 분단 이후 북한의 항만은 동서로 단절되어 있고, 수입 대체 자급자족 경제구조의 영향으로 연안해운(沿岸海運) 중심이다. 2023년 북한의 하역 능력은 4,361만 톤으로 한국의 13억 9,000만 톤의 3.1% 수준이다. 북한의 선박 보유 톤수는 118만 G/T(Gross Tonnage: 총톤수)로 남한 6,081만 G/T의 1.9%에 불과하다.[107] 8개의 대표 무역 항구는 남포, 해주, 원산, 흥남, 청진, 나진, 선봉, 송림이다.

북한 교통·물류 인프라 구축 모색

2018년 남북 정상은 '4.27 판문점 선언'에서 "남과 북은 민족경제의 균형적 발전과 공동 번영을 이룩하기 위하여 10.4 선언에서 합의된 사업들을 적극적으로 추진한다. 이를 위해 먼저 동해선 및 경의선 철도와 도로들을 연결하고 현대화하기 위한 실천적 대책들을 취해나가기로 하였다"라고 밝혔다. 그러나 2024년 10월 북한은 '적대적 두 국가론'을 내세우면서 경의선과 동해선의 남북 연결철도와 도로 일부 구간을 폭파했다.

앞으로 북한과 미국이 관계 정상화에 대한 합의가 이뤄지면 한국은 북한과 함께 경의선·동해선의 철도와 도로를 현대화할 수 있다.* 한국과 북한은 환서해 경제벨트의 시너지를 확보하기 위해 서울-개성-사리원-평양-신의주를 연결하는 경의선 현대화 사업을 추진할 수 있다.

한국과 북한은 중장기적 관점에서 한반도 경제공동체 발전에 적합한 교통·물류 인프라 구축을 모색해야 한다.

첫째, 남북과 북·중·러 접경 지역의 운송 인프라의 연결을 추진하는 것이 중요하다. 남북은 단절된 철도와 도로를 연결하고 북한은 중국과 러시아 국경 지역 철도와 도로를 현대화해야 한다.

둘째, 환서해권, 환동해권, 접경지역 경제벨트를 하나로 묶을 수 있는 철도와 도로의 통합 인프라를 완성해야 한다. 한반도종

---

* 2018년 국토부는 남측 동해선 구간인 강릉~제진(104.6킬로미터) 구간의 사업비는 2조 3,490억 원, 문산~개성(11.8킬로미터) 구간의 사업비는 5,179억 원으로 추산했다. 일각에서는 북측 사업비는 땅과 인건비가 거의 무상이라고 가정할 경우 남측의 4분의 1 수준으로 보고 있다(「끊어진 남북 철도·도로 다시 잇는다 … 이르면 내달 말 착공식」, 〈연합뉴스〉, 2018. 10. 15).

단철도(TKR: Trans-Korea Railway) 체계가 구축되어 유라시아 대륙과 연결된다면 한반도 운송 인프라의 대혁신이 일어날 수 있다.

북한과 러시아는 2014년 10월 '북한 철도 현대화 사업(포베다 프로젝트)'을 체결했다. 향후 20년 동안 러시아는 노후화된 북한의 철도 3,500킬로미터(북한 전체 철도노선의 70%)를 현대화하고 이에 필요한 250억 달러의 공사비를 북한의 광물자원으로 상쇄하기로 했다. 이를 통해 러시아는 유럽과 극동을 잇는 시베리아횡단철도(TSR: Trans-Siberian Railway)와 북한 철도의 연결을 고려한 것으로 보인다.[108]

나진 - 하산 프로젝트 부활

소련은 1949년 북한과 협정을 맺고 30년간 나진, 청진, 원산을 조차(租借)했고 여기에 소련의 잠수함을 배치했다. 이후 러시아는 나진항이 연해주의 지하자원과 아시아의 항구를 연결하는 최단 경로이면서 석탄 수출 중개에 가장 적합한 곳으로 인식했다.[109]

2000년 푸틴 러시아 대통령과 김정일 국방위원장이 시베리아횡단철도와 한반도종단철도 연결을 위한 나진 - 하산 프로젝트에 합의했다.

나진-하산 프로젝트는 러시아의 석탄 등 광물자원을 하산과 연결된 나진항에서 한국, 일본 등 아시아 국가에 수출하고, 한국과 일본의 수출 화물을 나진항을 통해 시베리아횡단철도로 수출하는 것이다.

2008년 10월 러시아와 북한은 러시아 지분 70%, 북한 지분 30%로 구성된 합작회사 '라선콘트란스'를 설립했다.* 러시아는 3억 4,000만 달러를 투입해 2013년 9월 철도 개보수와 나진항 화물터미널 공사를 완공했다. 나진항 3호 부두에 석탄을 싣는 이동식 크레인용 레일과 연료탱크를 설치했고 대형 선박 정박에 필요한 준설을 했다.

2013년 11월 한·러 정상회담에서 한국의 나진-하산 프로젝트 참여가 확정됐다. 코레일, 현대상선, 포스코가 나진-하산 프로젝트에 참여해 러시아의 지분 절반(2,100억 원)을 인수하기로 했다. 코레일은 러시아 하산과 북한의 나진항을 잇는 54킬로미터 구간의 철로 사업에 참여했고, 현대상선은 나진항의 3호 부두 현대화에, 포스코는 러시아산 제철용 유연탄을 수입하기로 합의했다.

2014년 11월부터 1년 동안 3차례 시범 운송을 통해 시베리아

---

* 러시아 철도공사가 70%를 투자하고, 북한은 토지와 부두 등 30%를 현물로 출자했다.

나진-하산 프로젝트

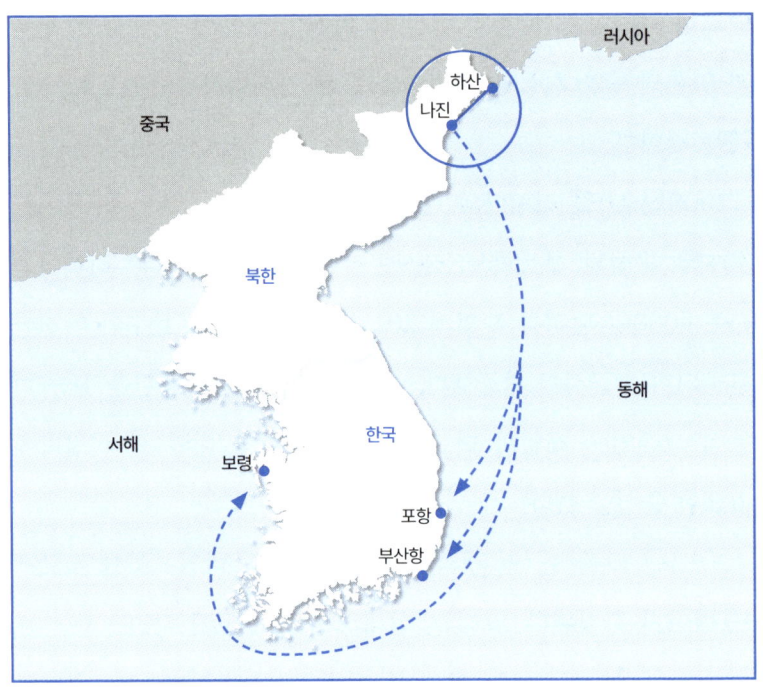

유연탄 약 35만 톤이 포항에 있는 포스코에 운반됐다. 중장기적으로는 컨테이너를 부산~나진 간 해상으로 운송한 후 시베리아 횡단철도를 경유해 유럽에 수출하는 전략까지 고려했다. 이 사업은 수송 시간이 기존 해상 수송 대비 20일 이상 단축되는 효과가 있다. 나진 - 하산 프로젝트는 나선경제무역지대의 발전을 촉진하고 한국과 러시아에 새로운 물류 혁신을 창출할 잠재력을 가졌다.

2016년 1월 북한의 제4차 핵 실험에 따른 유엔의 대북 제재 결의로 한국은 러시아에 프로젝트 중단을 통보했고 러시아는 유감을 표명했다. 이후에도 북한과 러시아 간에는 석탄 수송이 계속됐지만, 2020년 북한이 코로나를 이유로 러시아와의 국경을 봉쇄하면서 나진-하산 프로젝트는 중단됐다.

2023년 9월 러시아 보스토치니 우주기지에서 열린 북·러 정상회담 후 러시아 천연자원부 장관은 텔레그램에 '나진-하산 프로젝트 재개, 정기항공 노선 재취항, 신두만강대교 건설 협상 재개 등을 논의했다'고 밝혔다. 이후 2024년 6월 평양에서 열린 북·러 정상회담에서 양국은 두만강에 자동차 교량을 새로 건설할 것을 합의했다.

중국은 2009년 나진항 1호 부두와 2010년 나진항 4~6호 부두를 50년간 사용할 권리를 확보했다. 2016년에는 북한과 중국 간 무역의 새 통로 역할이 기대되는 신두만강대교가 준공됐다.

러시아는 3호 부두의 50년 사용권을 통해 연해주 물류 문제를 해결할 예정이며 러시아, 중국, 북한 등 3개국의 생산품을 거래할 수 있는 대규모 상공업 단지를 연해주에 조성하겠다는 계획을 밝혔다. 미·러 관계가 개선되고 북·미 관계가 정상화되면 한국은 러시아와 북한과의 협상을 통해 나진-하산 프로젝트와 시

베리아횡단철도를 부활시킬 수 있다.110

최근 러시아는 연해주와 중앙아시아에서 중국의 경제적 영향력 확대를 우려하고 있다. 러시아는 한국의 적극적 참여를 끌어내기 위해 시베리아횡단철도의 속도 개선과 각종 인센티브를 제공할 전망이다. 시베리아의 유연탄과 북한 무산의 철광석이 철도를 통해 포항에 있는 포스코에 운반될 경우 포스코에는 원가 절감과 원재료 재고 관리의 혁신이 일어날 전망이다.

남한의 IT업체들에도 수혜가 기대된다. 각종 IT 완제품 혹은 부품들을 시베리아횡단철도를 통해서 러시아, 동유럽, 서유럽에 있는 고객들에게 공급할 수 있게 되는데 수명주기가 짧은 IT 제품의 특성상 시베리아횡단철도 운송을 통하면 해상 운송보다 경쟁력을 높일 수 있다. 2016년 10월 삼성전자는 러시아 연방 철도청과 MOU(양해각서)를 체결했다. 남한에서 블라디보스토크까지 배로 운송한 후 시베리아횡단철도를 통해 동유럽까지 걸리는 기간은 18일로 해상 운송 기간 50일보다 한 달 이상 축소될 수 있었다.

북한의 에너지 인프라 현황

1930년대 일본은 대륙 침략을 위해서 북한에 수풍댐 등 6개의 대규모 수력발전소를 건립했었다. 그래서 수력 발전이 북한 에너지 인프라의 기본축이다.

  1960년대 이후 북한은 풍부한 석탄자원을 활용한 석탄 화력 발전의 비중을 확대했다. 2023년 북한의 발전 설비 용량은 8,290MW(메가와트)로 한국 14만 4,000MW의 6% 수준이며, 발전 설비의 구성은 수력 발전이 59%, 화력 발전이 41%다.[111]

  1990년대 에너지 위기를 극복하기 위해서 김정일 정권은 1지역 1발전소 정책을 추진했다. 2008년 말까지 7,000여 개의 중소형 발전소를 완공했지만 대략 1,000여 개의 발전소만이 가동되고 있다. 김정은 정권에서도 희천발전소 등을 건립했으나 설비 노후화와 자재 부족으로 북한의 발전 전력량은 발전 설비 용량의 30~40% 수준이다. 수력발전소의 설비 50% 이상은 노후화되어 사용하기가 어렵다.

  북한의 발전 전력량은 2010년 237억 kWh(킬로와트시)에서 2023년 250억 kWh 증가에 그쳐 산업용 전기 공급이 부족하다. 북한 발전 설비의 심각한 노후화로 발전 가동률이 낮고 전력 송배전이 불규칙적이기 때문이다. 미국 중앙정보국(CIA)에 따르면 북한 주민의 전력 접근성은 북한 전체 인구의 26%이며, 도시인구의 36%, 시골은 11%에 그친다.[112]

  김정은 정권은 화력발전소에 대한 개보수를 진행하면서 동시에 '재생에네르기법'을 제정하고 신재생 에너지 전력 확보를 위해 노력했다. 북창화력발전소가 증설되면서 평양 시내의 전기 공급 사정이 다소 개선됐고, 태양광 전지판 보급이 확대되면서 가정용 전기 확보에 숨통이 트였다.

북한의 에너지 인프라 개발에 참여할 수 있다

한국은 북한과 합의를 통해 신속하게 북한의 에너지 상황을 개선할 수 있는 준비가 되어 있다.

첫째, 2005년 9.19 합의에서 한국이 매년 200만 kW(킬로와트) 전력 공급을 북한에 제안했듯이 한국은 대북 송전을 추진할 수 있다.

둘째, 한국전력은 남북협력기금을 통해 북한 수력발전소와 화력발전소의 설비에 대한 개보수를 진행할 수 있다. 수풍발전소, 부전강발전소, 평양화력발전소 설비에 대한 개보수만 이뤄져도 북한의 전력량은 단기간에 20~30% 증가할 수 있다. 그리고 북한의 단계적 비핵화에 대한 이행 진전에 따라 한국은 미국과 일본과의 협의를 통해 중유 공급을 재개할 수 있다. 중유는 디젤기관과 화력 발전에 사용되기 때문에 단기적으로 북한의 에너지 공급을 증가시킬 수 있다.

한국과 북한은 한반도 경제공동체의 전력 인프라 구축을 위해서 전력 설비 및 계통에 대한 표준화 정립부터 해야 한다.

송배전을 통해 전력을 가계나 기업에 보내는 과정에서 변전소 인프라가 중요하다. 2000년 잉여 전력이 풍부한 러시아가 북한에 40만 kW 전력을 무상으로 지원해 주겠다고 했으나 북한에 대규모 변전소가 없어서 실현되지 못했다.

북한의 송배전 손실률은 1990년 20%에서 2000년 30%까지 악화한 것으로 추정된다.113 현재 손실률은 지역에 따라 50%로 추산되면서 송배전 설비 개선만으로도 북한의 전력 사정이 좋아질 수 있다. 북한의 변전소, 송배전 케이블 등 송배전 설비의 현대화가 핵심이다. 북한에 초고압직류송전(HVDC: High Voltage Direct Current) 인프라를 구축할 경우 전력 손실률을 획기적으로 줄여 발전 전력이 큰 폭으로 증가할 전망이다.

김정은 정권은 태양광과 풍력 등 신재생 에너지 사업 확대를 통해 전력 문제를 일부 해결하고 있다. 2013년 재생에네르기법을 제정하고 2014년에 국가과학원 산하 자연에네르기연구소를 설립했다. 2014년 김정은 위원장은 신재생 에너지정책을 강력하게 추진했다. 병원, 체신소, 학교 등 공공건물에 태양광 설치를 의무화시켰다. 태양광과 풍력의 사업 기간은 3년 정도로 화력 발전(6~8년)보다 짧아 북한의 전력난 해소에 도움이 될 수 있었다.

북한은 한국, 국제금융기구와 함께 충분한 에너지 인프라를 확보하는 방안을 검토할 필요가 있다. 예를 들면, 한국과 세계은행이 함께 북한에 전문가를 파견해 북한의 에너지 인프라 개발 계획 수립을 지원하고 이를 토대로 북한은 세계은행 등 각종 국제기구 혹은 공적개발원조(ODA)를 통해 유무상 원조를 받을 수 있다.

인프라 투자 관련 유망업종: 건설, 건설장비, 시멘트, 철강, 전력·전선, 신재생에너지

2010년 조선대풍국제그룹*은 '국가 경제 개발 10개년 전략 계획'을 수립하고 10년 동안 923억 달러의 투자가 필요할 것으로 추정했다. 공업 단지에 550억 달러, 교통망에 258억 달러, 농업 개발에 15억 달러, 전력 개발에 100억 달러로 예상했다. 교통망의 경우 철도 96억 달러, 고속도로 150억 달러, 공항 12억 달러로 추산했다. 전력 개발의 경우 탄광 건설 40억 달러, 화력발전소 50억 달러, 송전망 10억 달러로 전망했다.114

일본의 대일청구권 자금, 한국의 남북협력기금, 대외경제협력기금, 공적개발원조가 북한의 교통·물류와 에너지 인프라 구축에 필요한 투자금으로 활용될 수 있다. 아울러 민관협력사업(PPP: Public-Private Partnership)과 프로젝트 파이낸싱이 북한

---

* 2010년에 설립된 조선대풍국제그룹은 북한의 외자 유치 및 투자 활동을 담당했던 기관이다. 국가개발은행, 조선무역은행과 함께 일했다. 그러나 실적 부진으로 2012년 5월 해체됐다.

인프라 구축에 중요한 역할을 할 전망이다.

한국 정부는 국내외 금융회사와 함께 한반도 경제공동체 인프라 펀드, 개성공단 인프라 펀드, 나선경제무역지대 인프라 펀드 등을 조성해 민관협력사업과 프로젝트 파이낸싱 사업을 지원할 수 있다.

2022년 1월 동해선 강릉~제진(강원도 고성) 철도 건설 사업이 시작됐다. 총거리 111.7킬로미터로 2027년 말 개통을 목표로 하고 있으며 총사업비 2조 7,406억 원이 투입된다. 강릉~제진 구간은 부산에서 나진까지 이어지는 남·북 동해선 라인 중 유일하게 단절되었던 구간이다. 강릉~제진 구간이 개통하면 유라시아 대륙철도망과 연결되어 한국 기업의 자동차 부품과 전자 제품 등을 유럽으로 운송하는 데 기여할 수 있다.

철도의 현대화를 위해서 고강도 강철, 침목, 콘크리트가 필요하며 포장 도로에는 아스팔트와 콘크리트가 필수적이다. 한국의 건설, 건설 장비, 시멘트, 철강 관련 기업이 북한의 철도와 도로 현대화를 통한 수혜를 기대할 수 있다.

전력·전선 기업의 경우 북한의 송배전 현대화에 진출할 수 있다. 또한, 전력난이 심한 북한은 태양광과 풍력을 통해 단기적으로 에너지 문제를 해결할 가능성이 높으므로 신재생 에너지업체의 수혜도 기대된다.

:: 02 ::
자원 개발, 북한의 희토류와 마그네사이트를 선점하자

북한은 풍부한 지하자원을 보유하고 있다. 과거 한국의 대한광업진흥공사(현 한국광해광업공단)가 북한 삼천리총회사와 정촌 흑연광산 개발에 협력한 사례가 있듯이 향후 남북한 자원 개발 협력 사업은 성공 가능성이 크다고 평가된다.

특히 북한에 4차 산업혁명의 핵심 자원인 희토류, 마그네사이트, 흑연 등의 매장량이 세계적인 수준이라 점을 고려해 보면 한국 자원 개발을 주도하고 있는 종합상사가 국내 IT, 자동차, 방산업체와 함께 컨소시엄을 구성해 진출하는 것을 적극적으로 모색할 필요가 있다.

2003년 정촌 흑연광산 개발 합작 사업 개요

흑연은 철강 산업에 필수적인 용광로 내화재, 자동차 브레이크

패드, 윤활제, 이차 전지의 음극재에 사용된다. 최근 전기차와 전력 저장장치의 대중화로 이차 전지의 음극재용 흑연 가치가 중요해지고 있다.

2003년 황해남도 연안군 정촌 흑연광산 개발을 위해 대한광업진흥공사가 북한 삼천리총회사와 50대 50으로 합작해 '정촌 천연인상흑연합작회사'를 설립했다. 대한광업진흥공사는 665만 달러를 선광 시설과 운송 장비에 투자했고 북한은 흑연과 인력을 제공했다.

정촌 흑연광산의 매장량은 625만 톤으로 추산되며 연간 생산량은 3,000톤이었다. 15년간 매년 1,830톤을 국내로 반입하기로 했는데 이는 국내 흑연 수요의 20%에 해당한다. 2007년 11월 정촌에서 생산된 흑연 550톤이 북한 남포항을 출발해 인천항에 들어왔고 2009년까지 총 850톤이 반입됐다. 그러나 2010년 5.24 조치로 사업이 중단됐다.

흑연 개발 사업 재개와 다양한 지하자원의 개발

최근 전기차와 에너지 저장용 이차 전지 수요가 폭발적으로 증가하고 있다. 이에 이차 전지 음극재용 흑연 수요도 덩달아 급증하고 있다. 과거 정촌 흑연광산 개발 합작 사업을 재개하는 것만으로도 경제적 부가가치가 높다고 평가된다. 한국 기업은 과거보다 큰 규모의 흑연 채굴을 위한 설비 투자를 단행해 안정적인 흑연 확보를 할 필요가 있다.

2010년 9월 센카쿠 분쟁이 벌어지자 중국은 희토류 수출을 중단하며 일본에 경제적 압박을 가했다. 중국이 전 세계 공급량의 70%를 차지하는 희토류가 최근에는 미·중 관세 전쟁의 핵심으로 떠올랐다. 희토류는 물리·화학적 특성 때문에 IT, 에너지, 국방 및 항공우주 분야의 핵심 소재로 디스플레이, 모터, 배터리, 정밀 유도 무기 및 고성능 레이저 시스템에 사용된다.

희토류를 사용한 첨단 합금은 군사용 항공기 및 미사일의 경량화와 내구성을 위한 소재다. 아이폰에는 9종의 희토류가 들어간다. 미국 의회의 공식 싱크탱크인 미국 의회조사처 보고서에 따르면, F-35 스텔스 전투기에 희토류 418킬로그램, 이지스함에 2,358킬로그램, 버지니아급 핵잠수함에 4,172킬로그램이 소요된다.[115] 2025년 7월 미국 국방부는 미국 최대의 희토류 채굴 및 가공업체인 엠피 머티리얼즈에 4억 달러의 우선주 투자를 결정했다.

2013년 3월 북한 합영투자위원회에 따르면, 북한의 희토류 산화물만 약 4,800만 톤으로 세계 1위 중국 8,900만 톤에 이어 세계 2위 수준으로 평가된다. 북한의 희토류 매장지는 4개 광산에 집중되어 있다. 북한 희토류의 품위는 10.88%로 세계 평균 품위인 4% 내외보다 훨씬 높아 경제성이 탁월하다고 평가한다.[116]

또한, 함경남도 단천 지구에 대규모 노천 마그네사이트 채굴장이 있는데 매장량은 54억 톤으로 추정된다.117 〈VOA〉에 따르면, 북한의 마그네사이트가 스위스에 본사를 둔 광산 개발 회사인 퀸테르미나를 통해 야금공업에 필요한 내화물의 재료인 마그네사 형태로 유럽에 수출되고 있다고 보도했다.118

마그네사이트를 원료로 하는 마그네슘의 무게는 철의 25%에 불과하지만 가공성이 탁월해 자동차, 가전제품, 선박 등 고급 철강 제품 생산에 필수적인 재료다. 뛰어난 경제적 가치로 북한에서는 '백금'으로 불리기도 한다.119 마그네사이트는 자동차 경량화에 필요한 핵심 소재로 독일의 국가 출연기관 헬름홀쯔 연구소와 폭스바겐 등이 마그네사이트 개발에 관심이 많다.120

북한의 철광석 매장량은 50억 톤으로 인도의 철광석 매장량 100억 톤과 비교해 보면 상당한 수준이다. 북한은 2001년부터 석유 탐사를 시작했고 2004년 영국 석유회사 아미넥스와 서해안 대륙붕, 평안남도 지역 석유 광권 개발 계약을 맺었다. 미국 〈자유아시아방송(RFA)〉이 아미넥스 측을 인용하면서, 북한에 채굴 가능한 원유 매장량은 40~50억 배럴이라고 보도하기도 했다. 이는 매장량 세계 20위인 인도네시아와 비슷한 규모다.121

2011년 11월 한국광물자원공사(현 한국광해광업공단)와 북한이 희토류, 철광석, 아연, 석회석, 마그네사이트, 흑연, 석탄 등을 공동 개발하기로 합의한 적이 있었다. 그러므로 향후 한국 정부가 북한 자원 개발에 속도를 내려고 한다면 미국, 일본, 독일과 컨소시엄을 통해 북한의 희토류와 마그네사이트 등 개발을 추진할 것도 염두에 둬놓고 있어야 한다.

자원 개발과 관련된 유망업종: 종합상사, 철강, 비철금속업체

한국 종합상사들은 해외 광산과 가스전 개발을 통해 자원 개발에 대한 노하우를 보유하고 있다. 한국 종합상사들은 대부분 그룹의 계열사이므로 자원 개발과 더불어 수요처를 확보하고 있다. 그래서 북한 자원 개발의 문이 열리면 적극적으로 나설 것으로 기대된다. 지리적으로 인접하고 있는 북한에서 지하자원을 수입한다면 한국 기업으로서는 경제성이 매우 높을 것이다.

포스코, 현대제철, 고려아연 등 한국 철강 및 비철금속업체들은 호주, 브라질 등 한국에서 멀리 떨어져 있는 해외에서 철광석, 구리, 아연 등을 수입하고 있어 운송비 등을 포함한 각종 비용 부담이 크다. 북한으로부터 광물을 수입한다면 운송 비용이 대폭 절감되기 때문에 경제성이 크다고 볼 수 있다.

2024년 제선 공정에 필요한 철광석, 유연탄 등 지하자원의 매입금액은 포스코 28조 2,000억 원, 현대제철 9조 원을 기록했다. 고려아연은 아연, 연, 금, 은 등 원재료 매입금액으로 8조

1,000억 원을 기록했다. 2024년 이 3개 기업의 자원 구매금액은 45조 3,000억 원이다.[122]

북한의 문이 열린다면, 포스코와 현대제철은 무산광산의 철광석을, 고려아연은 검덕광산의 아연과 연을, LS MnM(전 LS니꼬동제련)은 혜산청년광산의 구리를, 포스코퓨처엠(전 포스코케미칼)은 룡양광산과 대흥광산의 마그네사이트를 수입할 수 있게 되어 지하자원을 안정적이면서 저렴하게 확보할 수 있다.

북한 당국은 지하자원 개발에 대한 주도권을 행사하기를 원하기 때문에 포스코, 현대제철, 고려아연 등 대기업들이 한국 정부와 함께 북한 자원 개발을 목적으로 하는 (가칭) 한국자원개발컨소시엄을 구성할 필요가 있다. 특정 기업의 단독 개발보다 한국 정부가 컨소시엄을 대표해 북한 당국과 자원 개발에 관한 구속력 있는 합의서를 체결함으로써 북한 자원 개발에 따른 위험을 최소화해야 한다.

북한은 단순 채굴 비중이 높고 선광과 제련 공정 등 지하자원 가공 산업이 취약하다. 이로 인해 북한 지하자원은 주로 원광석 형태로 수출되고 있어 수익성이 낮다.* 한국자원개발컨소시엄은

---

* 1차 가공품(정광)인 아연의 북한 대중 수출 가격은 국제 가격의 56%, 동은 24%, 마그네사이트는 42% 수준으로 매우 낮게 거래되고 있지만, 이 정광을 2차 가공한 품목들은 제값에 수출되고 있다[최경수, 「북한 지하자원 가공산업 현황과 전망」, 『KDB 북한 개발』(KDB산업은행, 2017)].

북한의 선광과 제련 공정의 장비 현대화를 통해 북한의 선광과 금속괴* 비중을 높이면 북한은 지하자원을 고부가가치 형태로 중국 등 해외에 수출할 수 있을 것이다.

한국자원개발컨소시엄은 글렌코어와 같은 다국적 자원 개발 기업과 함께 북한과의 합영회사를 설립해 북한 자원 개발을 본격적으로 추진할 수 있다. 예를 들어, 최근 중국이 희토류를 자원 무기화하고 있을 정도로 희토류의 가치가 높아지고 있으니 한국자원개발컨소시엄과 다국적 자원 개발 기업이 공동으로 북한의 희토류 개발을 추진하는 것이다.

다국적 자원 개발 기업들은 세계적인 자원 탐사 능력을 보유하고 있으므로 자원 개발 초기 단계에서부터 좋은 성과를 낼 수 있다.

---

* 일반 금속광석은 정제, 주조, 냉각을 통해 금속괴로 만들어진다. 예를 들면, 금광석을 고온 가열로 녹인 후 표준 틀에 부어 식히면서 이물질을 제거해 금괴 형태로 만든다. 이를 골드바라고 한다.

:: 03 ::
북한 철강 산업의
재건에 참여하라

북한 철강 산업 현황

철강 산업은 건설, 자동차, 조선, 전자 등 주요 산업에 핵심 소재를 공급하는 기간 사업으로 대규모의 설비 투자가 필요한 자본 집약적 산업이기도 하다. 북한에는 철광석이 풍부하며, 용제로 쓰이는 석회석과 내화재료에 쓰이는 마그네사이트의 매장량도 많다. 철강 산업 클러스터는 청진시를 중심으로 하는 함경북도지구와 송림시를 중심으로 하는 대동강 하류지구에 있다.

청진에 소재하고 있는 김책제철연합기업소는 북한 철강 생산 능력의 40%를 차지하고 있다. 또한, 송림에 황해제철연합기업소, 남포에 천리마제강연합기업소가 있다. 북한의 조강 생산량은 339만 톤을 기록한 적도 있었고 1995년 경제 위기 속에서도 154만 톤을 달성했기도 했었다. 그러다가 2016년 122만 톤으로 하락했고 2018년 유엔의 경제 제재가 본격적으로 영향을 미치자 81만 톤으로 하락했다. 2023년 기준으로는 35만 톤인데 한국 6,668만 톤의 0.5% 수준이다.[123]

북한 최대 제철소인 김책제철연합기업소

1938년 미쓰비시와 일본제철이 설립한 청진제철소가 모체다. 1951년 김책제철소로 개칭됐다가 이후 지금의 이름으로 다시 바뀌었다.

한국 전쟁으로 파괴된 용광로를 복구해 다시 조업을 시작했고 연산 40만 톤 능력의 강철직장을 건설하면서부터 강철 생산 능력을 갖췄다.

1976년 소련의 자금과 기술 지원을 받아 연산 100만 톤급의 강철직장과 연산 85만 톤급의 열간압연직장을 완공하면서 일관제철소로 발전했다. 1977년에는 무산광산까지의 98킬로미터에 이르는 구간에 정광 수송관을 설치했다.

2009년부터 러시아로부터 유연탄 수입이 달러 부족으로 인해 원활하지 않자 무연탄을 이용한 주체철 개발 사업을 추진했으나 성과를 내지 못한 것으로 보인다. 현재 전력난과 유연탄 확보의 어려움으로 가동률이 낮아 생산 능력 대비 생산량이 매우 적다.[124]

한국 철강업체의 역할이 기대된다

북한이 본격적으로 경제 개발을 추진할 경우 북한의 조강 수요는 약 2,000만 톤으로 추산된다.[125] 2023년 조강 생산량 35만 톤의 57배 수준이다. 북한 경제 개발의 초기 시기에 한국 철강업체는 한국산 철강 제품을 북한에 판매하면서 북한 당국과 협의를 통해 북한 철강업체의 현대화 사업에 참여할 수 있을 것이다.

한국 철강업체가 합영 형태를 통해 김책제철연합기업소에 투자할 경우 단기적으로 나진-하산 프로젝트를 통해 러시아의 코크스(석탄을 가공해 만든 고체연료)를 수입한다면 김책제철연합기업소의 제강 가동률을 높일 수 있다. 김책제철연합기업소의 제강 능력은 연간 240만 톤이므로 현대화 작업만 해도 큰 폭의 생산량 증가를 기대할 수 있다.

한국 철강회사의 파이넥스(FINEX) 공법을 도입하면 신규 증설까지도 가능하다. 파이넥스 공법에서는 소결 공정과 코크스 공정을 거치지 않고 쇳물을 생산하므로 북한에는 없는 코크스를 사용하지 않아도 된다는 이점이 있어서 초기 투자비가 감소하고 원가 경쟁력을 확보할 수 있다.[126]

::04::
시멘트 산업의 현대화에 투자한다

북한 시멘트 산업 현황

북한은 시멘트 주원료로 사용되는 석회석 약 1,000억 톤이 매장되어 있으며 이는 한반도 전체 매장량의 91%에 해당한다. 대규모 시멘트 공장은 석회석 수송 비용을 절감하기 위해 석회석 산지에 위치한다. 내열성 콘크리트에 사용되는 슬래그 시멘트의 핵심 원료인 슬래그는 김책제철연합기업소와 황해제철연합기업소에서 공급되고 있다.[127]

북한의 최대 시멘트 공장은 순천시멘트연합기업소다. 이 공장은 연료 공급지인 순천석회석광산과 2.8직동청년탄광 인근에 있다. 북한의 시멘트 생산량은 1990년 613만 톤을 기록했으나 1995년에는 경제난 때문에 422만 톤으로 하락했다. 그러나 김정은 정권이 대규모 아파트 건설 사업을 진행하면서 시멘트 생

산량이 706만 톤을 기록했다. 이는 한국 5,112만 톤의 13.8% 수준이다.128

외자 유치로 탄생한 평양상원시멘트합영회사

평양상원시멘트연합기업소는 1985년 서독의 훔볼프와 1억 2,000만 달러 규모의 설비 도입을 체결하고 1989년 4월에 완공됐다. 그리고 2007년 7월 시설 현대화를 위해 이집트의 오라스콤그룹과 50대 50의 지분 비율로 해서 1억 1,500만 달러의 합영 투자 계약을 맺었다. 이후 2007년 12월 프랑스의 세계 최대 건축자재(시멘트, 골재, 콘크리트 등) 기업인 라파즈그룹이 오라스콤그룹의 지분을 인수하면서 평양상원시멘트합영회사로 출범했다. 2019년에는 소성로 계통의 보수 및 현대화가 완료됐다. 그런데 라파즈그룹은 북한의 합영법*에 따른 이윤에 따른 배당을 받지 못하고 있다는 한계가 있다.

평양상원시멘트합영회사의 생산 능력은 연산 200만 톤이며, 원료 투입부터 생산 및 포장까지 시멘트 전 공정이 자동화, 원격 조정화가 되어 있다. 또한, 약 140년간 채굴 가능한 석회석 광산인 삼청광산을 자체적으로 보유하고 있다.

---

* 북한이 외국 법인 또는 개인과 공동 출자를 허용하는 합작 투자법. 외국 법인 또는 외국인이 경영할 수도 있으며 이윤이 발생하면 지분 비율대로 이윤을 분배할 수 있게 했다.

평양상원시멘트합영회사의 시멘트는 주로 수력발전소와 평양의 아파트에 공급된다. 시멘트 공장의 부산물로 8만 톤의 칼륨비료를 생산하고 있으며 폐열은 난방에 이용된다.129

북한 시멘트 공장에 대한 전략적 투자

북한이 건설 인프라 투자를 확대하게 되면 시멘트 수요가 큰 폭으로 증가할 전망이다. 이에 발맞춰 한국의 시멘트 기업은 생산하는 시멘트를 판매하는 것으로 시작할 수 있다. 그러면서 판매에 그치지 말고 장기적 관점을 갖고 북한에 있는 현지 생산 시설에 전략적으로 투자하는 것을 검토할 필요가 있다. 앞에 예를 든 것처럼, 한국 시멘트 기업도 북한과 합영 형태를 통해 북한 시멘트 공장의 현대화에 투자할 수 있다.

북한이 한국보다 9배 이상의 석회석 매장량과 저렴하고 양질의 노동력을 보유하고 있다는 점을 고려하면, 북한 시멘트 공장에 전략적 투자를 했을 경우 수혜가 크다. 이를 위해서 한국 정부는 북한 당국에 합영법에 따른 배당금 송금과 투자금 회수에 대한 확실한 보장을 받아놓을 필요가 있다.

*

북한 경제가 도약하기 위해서는 효율적인 교통·물류와 에너지 인프라 구축이 가장 중요하다. 북한의 인프라 구축에는 한국 기업이 제일 많이 참여할 수 있으므로 초반부터 경제효과를 얻을 수 있다. 아울러 한국 정부는 국내외 금융회사와 함께 북한 인프라 펀드를 조성해 북한의 대규모 인프라 사업에 자금을 지원해 줄 필요가 있다.

과거 대한광업진흥공사가 북한 흑연 개발 사업에 협력한 사례가 있듯이 한국 철강과 시멘트 기업은 희토류, 마그네사이트, 석회석 등 북한의 풍부한 지하자원 개발을 추진할 수 있다.

북한 인프라와 자원 개발은 수많은 한국 기업의 참여를 요구하고 있어 남북한 경제 협력의 시너지가 특히 두드러질 것이다.

문재인 정부의
한반도 신경제 지도

향후 북·미 관계가 진전되면 남북한 경제 협력이 본격적으로 추진될 전망이다. 이재명 정부는 지난 문재인 정부에서 제시했던 '한반도 신경제 지도' 토대 위에서 현실적인 상황을 반영한 남북한 경제 협력정책을 제시할 것이다. 따라서 지금 문재인 정부의 한반도 신경제 지도를 살펴보면, 향후 이재명 정부의 남북한 경제 협력 방향을 가늠해 볼 수 있다.

2017년 7월 4일 북한이 ICBM '화성-14형'을 시험 발사해 북·미 관계가 험악해지고 있는 상황에서 문재인 (당시) 대통령은 7월 6일 독일 베를린에서 한반도 평화에 관한 5대 원칙을 담은 '베를린 구상'을 발표했다. 여기서 '① 핵과 전쟁의 위험이 없는 한반도, ② 북한체제의 안전을 보장하는 한반도, ③ 항구적 평화체제 구축, ④ 한반도 신경제 지도 구상, ⑤ 비정치적 교류 협력 사업 추진'을 천명했다. 그리고 문재인 대통령은 체계적인 남북 경제 통합과 유라시아 대륙을 연결한 한반도 신경제 지도를 제시했다.

한반도 신경제 지도는 남북 간 호혜적 경제 협력을 통해 공동의 이익을 창출하고 경제적 연계성을 높여 나감으로써, 남북이 공존·공영하는 하나의 경제공동체를 형성하는 것을 의미한다.130 한반도 신경제 지도를 중심으로 신북방정책, 신남방정책을 추진해 남북한을 넘어 미국, 중국, 일본, 러시아 등과 경제 협력을 강화하는 것이다. 아울러 남북 간 경제 협력을 강화해 한국 경제의 새로운 성장 동력을 확보하고 동북아시아 차원의 경제 협력까지 확대해 역내 갈등과 긴장을 완화하면서 평화와 경제의 선순환 구조를 구축하는 것이다.

한반도 신경제 지도는 환서해권, 환동해권, 접경지역의 3대 벨트와 남북이 '하나의 시장'으로 구성되어 있다.

(대표적인 내용 중심으로 보면) '환서해권 경제벨트'는 풍부한 인구, 산업 인프라를 토대로 물류와 산업으로 특화된 경제벨트를 구축하는 것이다. 그러면서 한국의 수도권과 개성-해주, 평양-남포, 신의주까지 이어지는 경의선을 축으로 남북한 산업 협력 모델을 창출한다. 한국의 자본·기술력과 북한의 노동력이 결합해 제조업을 부활시킬 수 있다.

'환동해권 경제벨트'는 풍부한 에너지와 자원 분야에서 다자간

한반도 신경제 지도

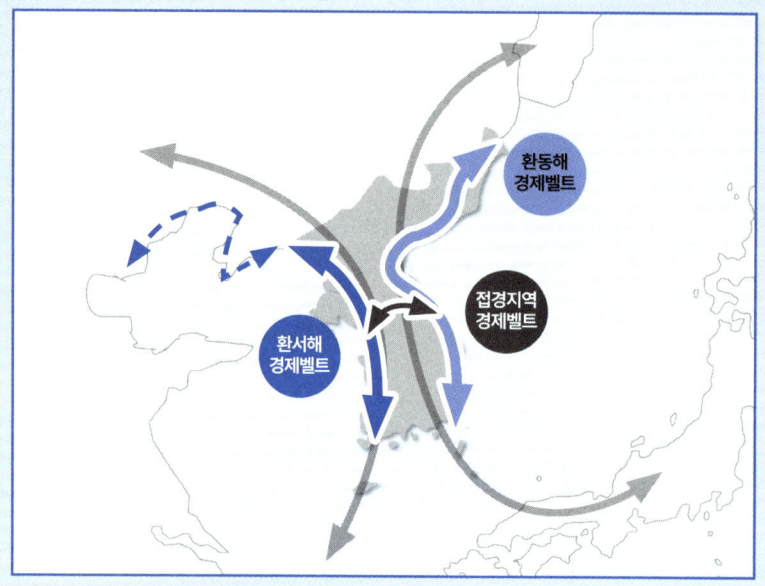

• 출처: 『2016 통일백서』(통일부)

협력을 도모하는 것이다. 나진·하산 프로젝트와 남·북·러 가스관 연결 프로젝트를 재개하고 남북한이 공동으로 북한의 자원을 개발한다.

 '접경지역 경제벨트'에서는 수자원과 산림자원의 공동 관리와 더불어 감염병과 병충해 방제·방역을 검토해 볼 수 있다. 비무장지대(DMZ)를 친환경적 생태관광지구로의 전환을 모색하는 토대가 될 것이다.

북극 횡단 운송 회랑,
남·북·러의 자원과 물류의 혁신 프로젝트

러시아는 북극해 해안선의 약 53% 이상을 차지하고 있으며 북극 해저 석유·가스 매장량의 약 60%를 보유한 것으로 알려졌다. 또한, 세계에서 가장 많은 57척의 쇄빙선 및 쇄빙 순찰선을 보유하고 있다.

러시아의 북극 횡단 운송 회랑(Transarctic Transport Corridor)은 북극항로를 시베리아횡단철도 등 내륙교통망과 연결하는 것을 의미한다. 이를 통해 러시아는 북극의 풍부한 석유·가스와 희토류를 개발하고 첨단 산업을 유치하는 것을 목표로 하고 있다.[131]

부산항에서 네덜란드 로테르담항까지 기존 수에즈 운하로는 거리가 2만 킬로미터인데 북극항로를 거치면 1만 3,000킬로미터로 줄어든다. 선박업체가 북극항로로 다니면 연료 소비를 줄

이면서 선박 운용 일수를 늘릴 수 있다는 장점이 있다.

특히 북극항로는 수에즈 운하를 거치는 항로의 대체가 가능해 지정학적 불확실성을 덜어낼 수 있다. 2021년 3월 대형 컨테이너선이 수에즈 운하에 좌초되면서 국제 물류망이 마비된 사례를 생각해보면 북극항로가 대체 항로로서의 가치가 크다고 할 수 있다.

2019년 그린란드 매입 아이디어를 제시한 트럼프 대통령은 집권 2기 시작 전부터 국가 안보 관점에서 그린란드를 인수하겠다는 의지를 표명했다. 2025년 3월 푸틴 대통령은 제6차 국제북극포럼에서 북극의 지정학적 중요성을 강조했다. 2025년 8월 15일 미국 알래스카에서 열린 미·러 정상회담 이후 푸틴 대통령은 미국과의 관계 개선 가능성을 언급하며 미국과 북극·알래스카에서의 협력을 논의하고 있다고 밝혔다.

현재 러시아는 주도적으로 야말반도에서 생산되는 LNG와 북극해 인근의 원유를 수송하고 있다. 2023년 여름에는 벌크선이 러시아의 무르만스크를 출발해 북극항로를 거쳐 중국 칭다오와 다롄에 도착하기도 했다.

최근에는 러시아와 중국 간 컨테이너선이 북극해를 통과하는 사례가 증가하고 있다. 러시아는 북극항로 물동량을 높이기 위해 핵 추진 쇄빙선 건조 확대를 추진하고 있다.

2025년 9월 5일 연해주 블라디보스토크에서 열린 동방경제포럼에서 푸틴 대통령은 '북극 횡단 운송 회랑' 개발 구상을 공식화했다. 북극 횡단 운송 회랑은 (앞에서도 말했듯이) 러시아가 북극해 항로를 시베리아와 극동 내륙교통망과 연계해 추진하는 초대형 복합 물류 프로젝트다. 푸틴 대통령은 "이 회랑은 시베리아 강의 운송 잠재력을 활용할 수 있게 될 것이며, 러시아는 이 항로를 하루 24시간 내내 운영할 것"이라고 말했다. 푸틴 대통령은 이 운송 회랑을 북한으로까지 확장할 것이라고 밝혔다.[132]

북한이 본격적으로 북극 횡단 운송 회랑에 참여해 두만강과 연해주가 연결되면 러시아의 연해주와 북한의 나선경제무역지대에서 경제 개발이 활성화될 전망이다. 시베리아와 연해주의 지하자원이 나진과 선봉항까지 연결되는 새로운 물류벨트가 구축될 수도 있다. 그렇다면 한국은 수출품을 북극항로를 통해 유럽으로 수출하는 새로운 항로를 확보함으로써 혁신적인 물류 시스템을 구축할 수 있게 된다.

쇄빙선 시장이 들썩일 가능성도 매우 높은데 한국 조선업계가 강점을 갖고 있다. 삼성중공업은 2005년에 양방향 쇄빙 유조선을 수주했었고 2008년에는 세계 최초로 극지용 드릴십을 수주하고 인도하는 등 검증된 쇄빙·방한 기술을 보유하고 있다. 한화오션은 2008년부터 쇄빙선 건조 기술력을 쌓아왔고 2014년

15척, 2020년 6척 등 총 21척의 쇄빙 LNG 운반선을 건조했다. 최근에는 극지연구소가 발주한 차세대 쇄빙연구선도 수주했다.

 이재명 정부의 국정과제 중 하나가 '북극항로 시대를 주도하는 해양 강국 건설'이며 2026년 북극항로 관련 사업에 5,499억 원의 예산을 투입할 예정이다.133 남·북·러 협력을 통한 북극항로 활성화는 한국 조선업에 엄청난 기회라고 할 수 있다.

7장

∞

2단계 투자
IT·중화학 공업 투자를 통한
경제성장의 본격화

북한의 교통·물류와 에너지 인프라 구축이 정상적인 궤도에 오르면 북한 당국은 첨단 IT 산업과 중화학공업 투자를 통해 경제구조의 체질을 개선할 것으로 전망한다.

대표적으로 한국의 IT 하드웨어 기술과 북한의 소프트웨어 기술이 결합한다면 남북한 첨단 산업의 경쟁력이 강화될 것이다. 또한, 나선경제무역지대와 환동해 경제벨트에서 중화학 공업에 대한 투자가 진행되면 북한 경제의 성장을 촉진할 수 있다. 이때 한국과 러시아 간에 가스관 연결 사업이 재개된다면 한국과 북한의 에너지 인프라가 크게 개선될 것이다.

:: 01 ::

삼성전자,
베트남 고도성장의 주역

　삼성전자의 베트남 진출이 베트남의 폭발적인 경제성장에 큰 밑거름이 됐다는 점에서 삼성전자의 베트남 투자 및 성과에 대한 평가와 분석은 한국의 대북한 투자의 나침판이 될 것이다.

　북한도 베트남과 같은 경제성장을 원하고 있어 삼성전자의 베트남 투자에 대한 벤치마킹이 중요하다. 이를 위해 북한은 가장 최우선으로 삼성전자와 같은 첨단 IT 산업 관련 기업을 유치할 수 있는 투자환경을 마련할 필요가 있다.

　1995년 미국과의 관계 개선 정상화를 통해 빈곤을 벗어난 베트남은 2008년에 삼성전자 투자 유치에 성공하면서 경제가 도약했다. 그래서 북한이 교통·물류와 에너지 인프라를 구축하고 투자환경을 개선한 후 새로운 경제 도약을 위한 로드맵을 수립하기 위해서는 삼성전자의 베트남 진출 성공 사례를 분석하는 것이 중요하다.

삼성전자는 2007년 베트남의 WTO 가입에 따른 투자환경 개선을 확인한 후 2008년 하노이 인근 박닌성에 대규모 휴대폰 공장을 짓는 투자를 결정했다. 이후 삼성전자는 한국에서 반도체, 디스플레이 등 핵심 부품을 수입하고, 베트남에서 휴대폰을 생산해 미국과 유럽에 수출하는 글로벌 가치사슬의 분업구조를 구축했다.

2013년 삼성전기는 근처 옌빈공단에 스마트폰에 들어가는 인쇄회로기판(PCB), 카메라 모듈 등 스마트폰용 핵심 부품 공장을 지었고 삼성SDI도 현지에 배터리 라인을 구축했다. 인탑스, 파트론, 모베이스 등 수많은 삼성전자 휴대폰 협력업체들이 베트남에 동반 진출했다. 이로 인해, 베트남 북부에 삼성전자의 휴대폰 생산 클러스터가 구축됐다.

2017년 삼성전자, 삼성전기, 삼성SDI 등이 베트남에서 직접 고용한 인력은 17만 명으로 추산된다.[134] 삼성전자의 박닌성 투자로 2017년 박닌성의 1인당 GDP는 6,053달러가 됐는데 베트남 1인당 GDP 2,343달러 대비 2.6배가 높았다.[135] 2019년 베트남에서 삼성그룹 계열사 매출액은 80조 4,000억 원(삼성전자 76조 7,000억 원, 삼성전기 2조 1,000억 원, 삼성SDI 1조 6,000억 원)으로 베트남 GDP 435조 원(3,343억 달러)에서 약 20%를 담당했다.

2024년까지 삼성전자의 누적 투자금액은 224억 달러로 베트남에 대한 한국의 FDI(해외 직접 투자) 920억 달러의 24%를 차지하고 있다.[136] 2024년 삼성전자 베트남 생산법인(SEV, SEVT) 매출액 54조 3,000억 원, 삼성디스플레이 베트남 생산법인(SDV) 20조 원, 삼성전자 호치민 가전복합(SEHC) 7조 원을 합산하면 삼성전자의 베트남 사업부 매출은 81조 3,000억 원으로 2024년 삼성전자 매출액 301조 원의 27%를 차지했다.

삼성전자의 베트남 성공에 자극받은 LG전자는 2013년 하노이 근처 항구인 하이퐁에 15억 달러 규모의 생산 라인 투자를 결정했다. LG디스플레이와 LG이노텍도 하이퐁에 진출하면서 LG그룹 생산 클러스터가 구축됐다.

1986년 베트남이 도이머이 경제 개혁을 선언한 후 20년 동안 호치민을 중심으로 한 베트남 남부 지역이 경제 발전을 주도했다. 그러다가 2008년 삼성전자, 2013년 LG전자가 상대적으로 낙후된 베트남 북부 지역에 생산클러스터를 구축한 후부터 베트남이 고도성장을 이루고 있다.

삼성전자의 투자가 베트남 경제 발전에 큰 밑거름이 된 것처럼 북한 당국은 삼성전자의 본격적 투자가 북한을 제2의 베트남과 같은 결과를 만들 수 있다는 점을 알고 있다. 교통·물류와 에너지 인프라 구축을 어느 정도 마무리하면 삼성전자와 같은 한국 대기업에 러브콜을 할 것이다. 이것이 국내 대기업의 새로운 기회가 될 것으로 본다.

:: 02 ::
개성공단 확장, 스마트폰·가전 사업이 이끈다

현대아산은 남북경협이 다시 시작되면 개성공단 1단계 100만 평 사업을 재개하면서 동시에 2단계 250만 평과 3단계 550만 평의 개발을 추진할 것으로 예상한다. 개성공단 1단계~3단계까지 총 900만 평은 공장구역 600만 평(19.7제곱킬로미터), 생활구역 100만 평(3.3제곱킬로미터), 관광구역 150만 평(4.9제곱킬로미터), 상업구역 50만 평(1.7제곱킬로미터)으로 구성되어 있다.

현대아산은 북한 당국과 합의를 통해 개성시가지 400만 평(13.1제곱킬로미터), 확장구역으로 700만 평(23제곱킬로미터)을 추가로 개발할 수도 있다. 이렇게 되면 개성공업지구의 총면적은 2,000만 평(65.7제곱킬로미터)으로 확장될 수 있다.

여기에서 끝이 아니다. 북한 당국은 사업성과를 확인한 후 최대 8,000만 평(262.8제곱킬로미터)까지 추가 개발할 수 있게 한

개성공단 개발 계획도

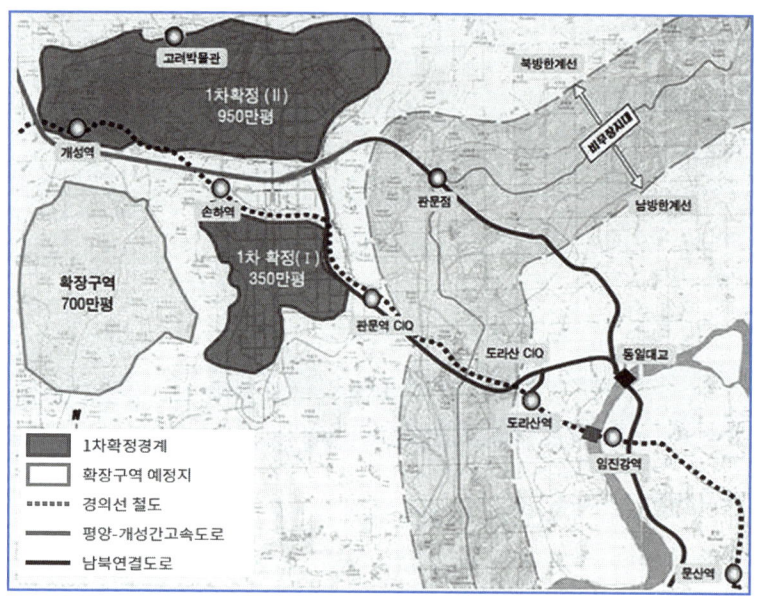

• 출처: 현대아산 홈페이지

다는 방침을 세우기도 했었다. 개성공단의 최대 개발 면적이 총 1억 평(328.5제곱킬로미터)까지 확장되는 것이다.

미국이 북한에 정상교역관계(NTR: Normal Trade Relation) 지위를 부여하고 대북한 관세율을 낮춘다면 개성공단의 경제적 가치는 상승할 것이다.

나이키, 뉴발란스, 리바이스, 올드네이비, 갭 등 미국 의류 및 신발 브랜드에 제품을 공급하고 있는 한국 의류·신발업체가 개성공단에서 대규모 사업을 추진할 수 있다. 의류업체가 대거 입주하면 의류 소재의 수요가 따라서 증가한다. 이에 대응하기 위해 원사, 원단, 스판덱스 등 의류 소재 기업도 동반 진출할 수 있다.

북한은 중국에서 부품을 수입해 컴퓨터, 태블릿 PC, 노트북, 스마트폰, LCD TV 등 디지털 제품을 조립 및 생산하고 있다. 1993년 평양컴퓨터조립공장이 컴퓨터를 생산하기 시작했으며 2003년부터 아침-판다컴퓨터합영회사가 컴퓨터, 태블릿 PC를 생산하고 있다. 여기에 북한 자체 운영체제인 '붉은별'을 적용하고 있다.

북한은 2013년부터 '아리랑', '평양', '진달래', '푸른하늘', '길동무' 등의 브랜드로 휴대폰을 출시하고 있다. 2020년에 출시된 '진달래 7'에는 지문·음성·얼굴 인식이 적용됐다.

2018년에 설립된 북한의 진달래손전화기공장은 다품종, 소량 생산의 원칙에 따라 주민들의 기호에 맞춰 생산하고 있다. 북한

북한에서 출시된 태블릿 PC

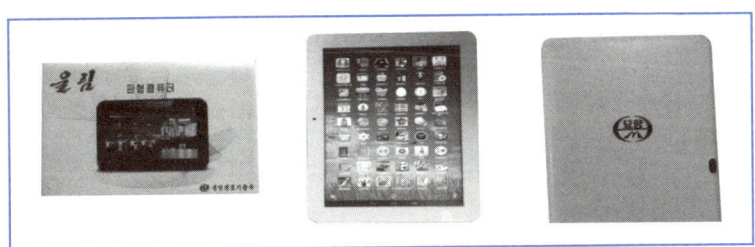

• 출처: 『2018 북한 이해』(국립통일교육원)

은 스마트폰에 적용되는 인공지능 기능과 애플리케이션 개발에 집중하고 있다.137

중국 스마트폰업체와 가전업체가 가격 경쟁력을 무기로 전 세계에서 시장 점유율을 높이고 있다. 최근에는 한국 저가 시장에서도 중국의 가전제품 점유율이 높아지고 있다. 그래서 삼성전자, LG전자의 고민이 깊어지는 중이다. 게다가 베트남 경제의 고도성장으로 베트남 인건비가 계속 상승하고 있어서 향후 삼성전자와 LG전자가 베트남을 대체할 수 있는 새로운 생산기지를 검토할 가능성이 있다.

이러한 상황에서 삼성전자와 LG전자가 개성공단에 진출한다면? 세계에서 가장 저렴한 인건비에 언어 소통이 자유로운 북한 노동자를 채용한다면 중국 스마트폰과 가전제품보다 확실하게 제품과 가격 경쟁력을 확보할 수 있다. 개성공단에서 생산된 스마트폰과 가전제품을 북한 내수 시장에도 판매할 수 있으니 또 하나의 시장이 생기는 것이 된다.

개성공단에서의 사업 성과가 만족스럽다면 삼성전자, LG전자는 개성공단의 추가 개발 예정지인 8,000만 평과 서해안에 있는 경제개발구에 대규모 휴대폰 및 가전 생산 클러스터를 구축할 가능성이 매우 높다.

::03::
은정첨단기술개발구에 진출하면
소프트웨어와 게임 경쟁력이 강화된다

  소프트웨어 산업은 하드웨어 산업과 달리 대규모 투자가 소요되지 않으면서 개인의 아이디어와 창의력으로 발전할 수 있다. 자본력이 부족한 북한은 1990년대부터 소프트웨어 산업을 집중적으로 육성하고 있다. 조선컴퓨터센터와 평양정보센터가 주축이 되어 프로그램, 운영체제, 인공지능 개발 등 북한의 소프트웨어 산업을 이끌고 있다.

  1991년 북한은 유엔개발계획(UNDP)의 지원을 받아서 광섬유 케이블 네트워크를 구축했다. 북한은 이를 기반으로 자체 인트라넷인 광명망 접속과 이동통신을 위한 정보 처리에 활용하고 있다.[138] 1998년 2월 김정일 국방위원장은 전국 프로그램 경연을 시찰했고, '과학기술 발전 5개년 계획'을 발표했다. 1999년을 '과학의 해'로 정하고 사상, 총대, 과학기술을 사회주의 강성대국

건설의 3대 기둥으로 명시했다.

2000년대 초반에 여러 차례 중국을 방문한 김정일 국방위원장은 '단번 도약'을 내세우고 IT 산업 발전을 강조했다. 2002년 전국 과학자 기술대회에서 정보기술, 나노기술, 생명공학 발전에 역점을 둘 것을 천명했다. 2003년 컴퓨터 소프트웨어 보호법, 2004년 소프트웨어 산업법 채택 등 소프트웨어 산업을 위한 제도도 제정했다. 2008년 최고인민회의 11기 6차 회의에서 과학기술을 통해 식량 문제, 전력 문제 등을 해결하겠다고 발표했다.[139]

북한의 소프트웨어 기술은 다른 IT 분야보다 상대적으로 높은 발전 수준을 보여주고 있다. 조선컴퓨터센터는 리눅스 기반의 '붉은별' 운영체제와 '아리랑' 모바일 운영체제를 개발했고, 정보보안, 웹 기반 프로그램 등 다양한 소프트웨어를 개발하고 있다. 또한, 세계 컴퓨터 바둑대회에서 4년 연속 우승한 '은별', 다국어 인식 프로그램 '신동' 등 인공지능 분야에서 뚜렷한 성과를 거두고 있다.

북한의 IT 소프트웨어 인력의 기술 수준은 높으며 각종 국제 소프트웨어 대회에서 좋은 성과를 내고 있다. 평양에 있는 과학기술전당은 인트라넷을 통해 전국 1만 4,000여 곳의 과학기술보급실과 연결되어 있으며 데이터 서버를 관리하고 악성코드 및 바이러스 감염을 차단한다.140 폐쇄적인 인트라넷 '광명망'에서 쇼핑몰 '만물상'과 모바일 쇼핑몰 '옥류' 등 전자상거래 사이트가 운영되고 있다.

북한 당국은 새 세기 산업혁명을 통해 과학과 정보기술 발전을 추진하고 있다. 새 세기 산업혁명은 북한판 4차 산업혁명으로 IT 기술을 활용해 북한의 경제와 산업 혁신을 도모하겠다는 것이다. 평양에 평양이과대학교와 김책공업종합대학교가 있어 우수한 과학 인재 확보가 가능하다.

2014년 북한은 해외 과학기술과 자본을 유치하기 위해 평양에 은정첨단기술개발구를 지정했다. 130여 개 연구기관과 1만여 명의 연구원이 있는 국가과학원이 은정첨단기술개발구의 주관기관이다.

은정첨단기술개발구는 정보기술, 생명공학, 재료와 설비 등 첨단 제품의 연구 및 개발, 생산을 하고 있다. 산하기관인 은정첨단기술산업회사가 국가과학원의 성과물에 기초한 공동 기술 개발, 기술 이전 등의 활동을 하면서 외국과의 합작 혹은 합영 사업을 담당한다. 김정은 위원장의 지시로 은정첨단기술개발구 내에 과학자를 위한 위성과학자주택지구가 조성됐다. 이를 통해 과학자들은 안정적으로 기술 개발에 몰두할 수 있게 됐다.

2000년부터 2009년까지 삼성전자는 북한 삼천리총회사와 연구 용역 계약을 하고 조선컴퓨터센터와 함께 소프트웨어를 개발했었다. 2001년 한국의 중견 IT업체인 하나비즈닷컴은 중국 단둥에 삼천리총회사와 합영회사를 설립하고 평양정보센터와 공동으로 프로그램을 개발하기도 했다.

이러한 과거 경험이 있으므로 남북경협이 재개되면 삼성전자, LG전자, 네이버, 엔씨소프트 등 대기업과 중소기업들은 은정첨단기술산업회사를 통해 소프트웨어, 게임, 인공지능, 프로그래밍 등 정보기술과 관련된 합영회사를 설립할 수 있다.

한국의 중소벤처기업부는 북한 국가과학원과 협력해 한국 벤처기업이 은정첨단기술개발구에서 소프트웨어와 애플리케이션 사업을 하게 지원해주는 남북한 벤처 육성 프로그램을 진행할 수도 있다.

::04::
북한 유통업에 진출할 길은 이미 열려 있다

2003년 북한 당국이 불법적인 장마당을 종합시장으로 합법화하면서 새로운 유통체제가 구축됐다. 북한 당국은 기존의 상업관리소가 맡고 있었던 시장 업무를 담당할 시장관리소를 신설했다.

개인은 시장관리소에 사용료를 내고 종합시장에서 합법적으로 장사할 수 있게 됐다. 시장 사용료에는 자릿세(시장 시설 이용에 대한 대가)와 개인 납부금(국가 납부금)이 포함되어 있다.141

지방인민위원회도 시장과 제품 판매 현황에 따라 자릿세와 개인 납부금을 걷는다. 전국적으로 종합시장이 확대하자 지방인민위원회의 재정 수입이 증가하고 있다. 장마당을 포함한 유통업이 북한의 주요한 조세수입원 가운데 하나가 된 것이다. 그러자 유통업의 현대화와 대형화를 추진했다.

2011년 북한은 중국 비해몽신유한공사와 각각 35대 65로 합작해 광복지구상업중심을 건설했다. 김정일 국방위원장이 사망 이틀 전인 2011년 12월 15일에 마지막으로 현장 지도를 했던 장소이기도 하다.

광복지구상업중심은 중국 기업과 합영회사로 설립된 최초의 대형 유통 매장으로 북한산 제품 외에도 중국산 제품 등 해외 제품을 판매하고 있다. 이외에도 평양 제1백화점과 제2백화점이 있으며 외화 수입과 외국 선전용으로 관리되어 외화 전문 매장으로 인식되는 낙원백화점이 있다. 2014년 12월에는 국영기업인 황금벌무역회사가 북한판 편의점인 황금벌상점을 개장하기도 했다.142

휴대폰 보급으로 각종 생필품에 관한 정보가 주민들 사이에 공유되면서 생필품 가격이 수요와 공급의 원리에 따라 결정되고 있다. 2015년 이후부터 북한에서 휴대폰으로 생필품을 구매할 수 있는 온라인 상점이 생겼다. 대표적인 온라인 상점으로 옥류, 만물상, 은파산 등이 있다.

2015년 인민봉사국은 온라인 상점인 '옥류'를 개설하고 생산기업들과 제휴해 600여 종, 3만여 점의 다양한 상품을 제공하고 있다. 또한, 유명한 상점·식당과 제휴해 상품과 음식을 배달하는 서비스도 하고 있다.143 2015년 북한 전자상거래 연구·개발 전문 기업인 연풍상업정보기술사가 '만물상'을 개설해 상품과 더

불어 관광 상품도 다루고 있다. 연풍상업정보기술사는 온라인 쇼핑 플랫폼 사업에 전자 결제 시스템을 도입했다.144

〈조선신보〉는 평양에서 상품 대금과 봉사 요금을 현금으로 결제하는 구매자들을 찾아보기 어렵고 대신 많은 사람이 스마트폰으로 전자 결제를 이용하고 있다고 전했다. 현재 평양에는 식당과 매장, 대중교통 등에서 사용할 수 있는 결제 플랫폼이 있으며 이를 통해 온라인 송금도 가능하다. 2024년 10월 인터넷 은행인 '하원전자은행'의 운영이 시작되어 전자 지갑 충전도 가능하다.145

북한의 경제 발전이 본격화되면서 양질의 제품에 대한 북한 주민의 구매력도 폭발적으로 증가하고 있는데 현대화된 유통 매장 수요가 증가할 전망이다. 한국 대형 유통업체는 북한 당국과 합영회사 형태로 평양, 신의주 등 대도시에 대형 백화점과 할인 매장 설립을 추진해 보면 효과적일 것이다. 또한, 한국 온라인 쇼핑 업체들은 북한의 온라인 쇼핑업체, 돈주 등과 합영회사 형태를 통해 전국 배달 네트워크를 갖춘 온라인 쇼핑 플랫폼 회사의 설립을 모색할 수도 있겠다.

북한이 미국과의 수교를 체결한다면 북한의 관광명소가 대외적으로 개방되면서 해외 관광객이 북한에 대거 방문할 것으로 본다. 이것도 한국 기업에는 기회다. 한국 유통업체는 북한 당국과 합영회사 형태로 공항과 주요 명승지에 면세점 사업을 진출할 수 있을 것이다.

::05::
해운업체와 조선업체는
나선경제무역지대로 진출할 수 있다

　북한은 1991년 12월 28일 나진·선봉 지역을 자유경제무역지대로 설정하고 나진항, 선봉항, 청진항을 자유무역항으로 지정했다. 1998년에 '나진·선봉 자유경제무역지대'로, 2001년에 '나선경제무역지대'로 변경했고 2010년 특별시로 승격했다.

　나선경제무역지대의 총면적은 약 1억 4,000만 평(470제곱킬로미터)인데 실제 개발이 가능한 면적은 약 7,000만 평(230제곱킬로미터)이다.

　나선경제무역지대는 두만강을 중심으로 북한, 러시아, 중국이 국경을 접하고 있어 한국, 일본과도 연결되는 교통과 물류의 요충지다. 북한은 중계 무역, 화물 수송 기지, 수출 가공, 관광과 금융 서비스 지역으로 개발하고 있다. 중국 기업이 주도적으로 투자했고 태국 기업이 통신 사업, 홍콩 기업이 카지노 및 호텔 사업, 일본의 조총련계 기업이 수산물 가공 사업을 각각 하고 있다. LG상사가 태영수산과 공동으로 가리비 양식 사업을 진행하기도 했었다.

2012년 나진항에서 중국 훈춘 인근인 북한 원정리까지 50여 킬로미터의 도로가 개설됐고 2013년 나진에서 러시아 하산까지 54킬로미터 철도 현대화 사업이 완료됐다. 2014년 러시아는 북한과 50년 사용 계약을 맺고 나진항 3호 부두를 개발해 석탄을 운반할 수 있는 최신 설비와 컨테이너 터미널을 완공했다.

북한은 2015년 '나선경제무역지대 종합 개발 계획'을 발표했다. 외국인 투자자는 합법적으로 취득한 재산을 외부로 제한 없이 반출할 수 있으며, 생산·판매·이익 방안을 독자적으로 결정할 수 있는 권리를 보장받는다는 것이다. 북한 당국은 산업구 개발에 92억 달러, 관광지 개발에 63억 달러 등 총 155억 달러를 투자하겠다고 밝혔다. 그러나 2016년 1월 북한의 제4차 핵 실험과 대북 제재로 인해 '나선경제무역지대 종합 개발 계획'의 추진은 사실상 중단됐다.

북·미, 북·일 간 외교 관계가 정상화되면 한국 기업은 마천령 육괴라는 지형에 매장되어 있는 지하자원을 개발할 가능성이 큰데 그렇게 하기 위해서는 나선경제무역지대의 부두 현대화가 중요하다. 종합 해운 물류 기업인 HMM은 북한과의 합영 사업을 통해 나진항의 부두 확장과 현대화를 추진할 수 있다. 그렇게 진행이 된다면 나진항 현대화를 통해 시베리아의 풍부한 유연탄과 중국 북동부에서 생산된 제품을 운송할 수 있는 물류 거점을 확보할 수 있다.

북한의 청진조선소에서는 어선, 화물선, 여객선, 군함 등 다양한 선박을 건조할 수 있다. 청진조선소는 1970년대 대형 선박 건조 시설을 증설하면서부터 대형 화물선, 냉장운반선, 선미식 트롤선을 건조했다. 1992년 일본 조총련 자금을 받아 초대형 여객선 '만경봉 92호'를 건조한 경험도 있다.[146] HD현대, 한화오션, 삼성중공업 등은 한국 정부와 함께 컨소시엄을 구성해 청진조선소의 현대화와 생산 능력 확충을 추진해 볼 수 있다. 또한, HD현대 등은 나진조선소, 원산조선소의 선박 수리 시설에 대한 투자까지도 가능하다고 본다.

북한의 청진조선소 등과 합작이 가능해지면 한국 조선업체들은 중국과의 경쟁에서 밀린 벌크선, 컨테이너선 등 범용 선박 경쟁력을 회복할 수 있을 것으로 기대된다.

::06::
현대화 작업만으로도 성과를 낼 수 있는 화학 산업

1970년대 북한은 평안북도에 봉화화학공장과 나선특별시에 승리화학연합기업소를 설립했다. 봉화화학공장, 승리화학연합기업소는 각각 중국과 (당시) 소련으로부터 원유를 공급받아 나프타를 생산하고 있었다. 평안남도에 있는 남흥청년화학연합기업소는 봉화화학공장으로부터 나프타를 공급받아 폴리프로필렌, 폴리에틸렌 등 석유화학 제품을 생산하고 있다.

북한이 수출 지향형 공업화 전략을 추진한다면 화학섬유, 플라스틱, 비료, 페인트 등 다운스트림(Downstream) 화학 제품 수요가 큰 폭으로 증가할 전망이다. 최근 북한에서 시장화가 확산하면서 화학 제품의 수요가 공급을 초과하고 있다. 석유화학 산업은 의류, 신발, 비료, 전자 제품, 자동차 등 다양한 산업에 적용되기 때문에 북한의 석유화학 산업의 발전 잠재력은 높다고 할 수 있다.

 한국의 석유화학 기업은 남북협력기금 혹은 국제 개발 지원 등을 통해 봉화화학공장과 승리화학연합기업소의 설비 현대화를 지원할 수 있다. 이들 공장의 설비가 노후화되어 있으므로 설비 현대화만으로도 생산 능력이 크게 개선될 전망이다.

 북한의 석유화학 수급을 면밀하게 검토한 다음, 석유화학 기업은 북한과 합영회사 형태로 나선경제무역지대에 정유·석유화학 복합 시설을 짓거나 투자할 수 있다. 우선적으로 한국 정부와 함께 컨소시엄을 구성해 승리화학연합기업의 현대화부터 추진하는 방향을 고려해 볼 필요가 있다.

::07::
평양 인근 수출가공구에는 자동차 사업이 적합하다

1958년 평안남도 덕천시에 위치한 승리자동차연합기업소는 소련제 화물차를 모방한 '승리 58'을 생산하기 시작했다. 1970년대에는 자동차 부품의 자체 생산을 기반으로 자동차 종합공장으로 전환하면서 대형 트럭과 중형 자동차의 생산을 본격적으로 확대했고 1980년대에는 승용차와 화물차를 포함해 연간 3만 대 생산 능력을 갖췄었다. 그러다가 1990년대 북한의 경제 위기로 공장의 가동률이 매우 낮아졌다.

1998년 통일교 산하 평화자동차가 북한의 조선련봉총회사와 7대 3 비율의 합영회사 형태로 평안남도 남포에 평화자동차종합공장을 설립했다. 2002년부터 평화자동차종합공장은 해외업체로부터 기술 이전과 부품 수입을 통해 자동차와 트럭을 조립 및 생산했다. 연간 1만 대 생산 능력을 보유했고 휘파람, 뻐꾸기 등의 이름으로 자동차를 판매했다. 이후 통일교는 2012년에 지분을 북한 측에 넘기고 평화자동차종합공장에서 철수했다.

2011년 북한은 중국과 공동으로 평양에 평운중성합영회사를, 2014년에는 금평합영회사를 설립했다. 평운중성합영회사는 금강산(여객버스), 천만리(화물차)를, 금평합영회사는 금매(대형 트럭)를 생산하고 있다. 두 회사는 중국으로부터 트럭 차체와 부품을 수입해 조립 및 생산을 하고 있다.147

자동차와 부품 수입은 2017년 2억 달러를 기록했지만 2018년 대북 제재의 본격화로 인해 200만 달러로 급감했다.148 이로 인해 북한의 자동차 생산량은 2017년 3,400대에서 2018년 2,600대로 23.5% 감소했다.149 2019년부터는 해외에서 자동차용 부품을 수입할 수 없어 자동차 산업은 사실상 가동 중단 상황이라고 볼 수 있다.

향후 북한에 한국 기업이 진출한다면 북한의 도로 인프라가 개선되면서 자동차와 트럭 수요가 증가할 전망이다. 한국 자동차업체는 이 기회를 놓치면 안 된다.

대표적인 자동차업체인 현대자동차그룹은 북한과 합영회사 형태를 통해 평안남도 남포에 있는 와우도수출가공구나 진도수출가공구에서 10만 대 규모의 자동차와 트럭 조립 생산을 할 수 있다.

또한, 북한의 전력 인프라가 크게 개선된다면 남북한의 자동차 합영회사는 대규모 전기차 조립 라인을 구축할 수도 있을 것이다.

::08::
한·러 가스관 프로젝트, 이번에는 성사될 수 있다

북한과 러시아는 2024년 6월 '포괄적인 전략적 동반자 관계에 관한 조약' 체결을 통해 정치·군사적 동맹을 강화했다. 이는 25년간 지지부진했던 한·러 가스관 프로젝트 성사에 돌파구가 될 것으로 본다.

북한은 동맹국인 러시아와 함께 한·러 가스관 프로젝트에 참여함으로써 에너지와 경제적 이익을 추구하는 기회로 활용할 것으로 보이며 한국은 이를 통해 저렴하고 안정적인 가스를 확보할 수 있다.

가스관 프로젝트의 배경

러시아 극동연방지구(이하 '극동')의 총면적은 러시아 전체의 36%를 차지하고 있으나 인구는 620만 명으로 러시아 총인구의

4.2%에 불과하다(2016년 기준). 1990년 이후 극동의 인구는 거의 180만 명이나 감소했다.150 반면, 중국 동북 3성 인구는 1억 명이 넘고 연해주 지역에 경제적 영향력을 강화하고 있다. 그래서 러시아 당국은 중국인의 대량 극동으로의 유입을 경계하고 있다.151

러시아는 한국 자본과 북한 노동력을 결합해 극동의 천연가스를 개발하고 경제성장을 이루면서 중국의 영향력은 낮추려는 동방정책을 적극적으로 추진하고 있다. 1990년대 초부터 노태우 정권은 북방정책의 추진을 위해 러시아 가스관 사업을 검토했으며 이후 김대중, 노무현, 이명박, 박근혜, 문재인 정권에서도 해당 사업을 검토했지만 북한 핵 문제가 사업 진전의 가장 큰 걸림돌이었다.

한·러 정상회담과 가스관 프로젝트의 진행 현황

2004년 9월 한·러 정상회담에서 러시아 극동, 시베리아 지역의 유전과 가스전 공동 개발, 가스관 건설에 합의했다. 당시 노무현 정부는 여기에 한반도종단철도(TKR)와 시베리아횡단철도(TSR)를 연결하는 사업까지로 확장을 추진했다.

2008년 9월에는 이명박 대통령과 메드베데프 대통령이 북한을 경유하는 가스관으로 러시아의 천연가스를 도입하는 내용의

양해각서를 체결했다. 한국가스공사와 러시아의 국영 천연가스 기업인 가즈프롬이 정부로부터 위임받아 총사업비 1,000억 달러 규모의 30년 장기 천연가스 공급 사업을 추진하는 것이었다. 그러나 2009년 5월 북한의 제2차 핵 실험으로 사업이 진척되지 못했다.

2011년 8월 북·러 정상회담에서 러시아·북한·남한의 연결 가스관 프로젝트 사업에 대한 논의가 진전된 후, 9월 북·러가 가스관 사업에 대한 양해각서에 합의했다. 2011년 11월 한·러 정

한·러 가스관 사업 개요

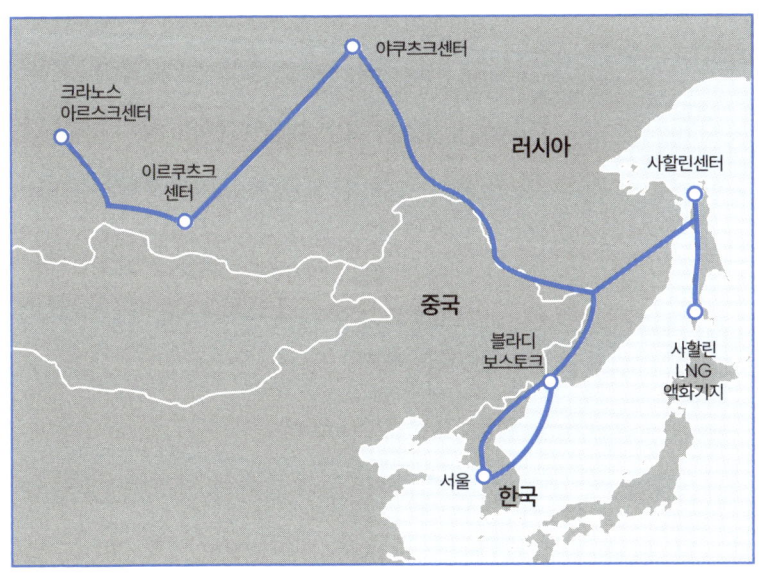

상회담에서 한·러 가스관 사업이 구체화했다. 2013년 9월에 건설을 시작해 2016년 12월에 완공해서 2017년 1월부터 가스를 공급한다는 내용이었다.

대통령직에 복귀한 푸틴 대통령은 2012년 5월 극동의 경제 발전을 위해서 동방정책(Pivot to the East)을 발표했다. 2015년 9월부터 매년 동방경제포럼을 개최하고 극동 개발을 위한 경제 외교 활동을 강화하고 있다.

2012년 9월 한·러 정상회담에서 남한, 북한, 러시아 간의 가스관 사업 추진을 확인했다. 러시아는 북한을 설득하기 위해 북한의 외채 탕감과 나진·하산 철도의 현대화를 제시했다.

문재인 대통령은 2017년 9월 러시아 동방경제포럼에서 '나인브릿지' 사업을 제안했다. 나인브릿지는 가스, 철도, 항만, 전력, 북극항로, 조선, 산업 단지, 농업, 수산업 분야에서 한·러 협력을 강화하자는 것이다. 한국은 이를 위해 정부 내에 북방경제협력위원회를 신설했다.

한·러 가스관 프로젝트의 영향력

한국은 천연가스 수입의 경우 배로 수송하는 LNG(Liquefied Natural Gas)에 100% 의존하고 있다. 러시아의 가스관으로 들어올 PNG(Pipe Natural Gas)는 LNG와 달리 필수적인 액화·기화 설비와 수송선 등 대규모 투자가 필요 없다.

한국가스공사의 「한·러 PNG 공동 연구」 보고서에 따르면, PNG는 투자비 34억 달러, 운영비 14억 달러가 들어가 단위당 수송 원가가 0.31달러로 추산됐다. LNG는 투자비 68억 달러, 운영비 158억 달러가 들어가 단위당 수송 원가는 0.94달러로 추산됐다.[152] PNG 가격이 LNG 가격보다 평균 24% 저렴한 것으로 평가되기도 했다.[153]

PNG는 단위당 수송 원가와 구매 가격에서 LNG와 비교해 경쟁력이 탁월하다. 그래서 한·러 가스관 프로젝트는 천연가스 수입의 다변화를 통해 에너지 안보를 확보하면서 동시에 에너지 가격 협상력을 가질 수 있다는 점에서 정치적으로나 경제적으로 중요하다고 평가된다.

남한과 북한, 그리고 러시아를 연결하는 가스관은 두만강부터 나선, 청진, 함흥, 원산을 거쳐 철원, 파주로 연결되는 최단 노선이 있고, 두만강부터 원산까지 연결된 후 평양을 거쳐 개성, 파주로 연결되는 평양 경유 노선이 있다. 평양 경유 노선은 북한의 중요한 도시에 PNG를 공급할 수 있다는 점에서 북한의 에너지 확보에 유리하다고 평가한다.

베트남 경제성장의 신화

　베트남은 1986년 도이머이 경제 개혁을 추진했지만 뚜렷한 경제성과를 거두지 못했었다. 그러다가 1995년 베트남과 미국 간 외교 관계가 정상화되면서부터 30년간 폭발적인 경제성장을 이뤘다.

　2024년 기준, 베트남의 대미 무역수지 흑자는 1,230억 달러로 한국 660억 달러를 압도했다.[154] 베트남 성장의 핵심은 미국과의 관계 정상화에 있었다.

　마이크 폼페이오 (당시) 국무장관은 2018년 7월 하노이를 방문한 자리에서 "오늘날 베트남이 우리와 파트너십을 맺고 이렇게 번영하리라고 아무도 상상할 수 없었다"라면서 "트럼프 대통령은 북한이 베트남의 길을 재현할 수 있다고 믿고 있다"라고 말했다. 〈월스트리트저널〉은 제2차 북·미 정상회담 장소가 베트남으로 정해진 배경에는 미국과 전쟁한 베트남의 경제 개혁 성공 노하우를 직접 보고 배우라는 의미라고 해석했다.[155]

북한은 중국식 경제 모델보다는 베트남식 경제 모델을 벤치마킹해 혁신적인 북한식 경제 모델을 수립하고 경제 발전을 추진하는 것이 중요하다. 여기서 베트남 경제 발전과정에 대한 이해는 향후 북한 경제 발전 로드맵을 수립하는 데 중요한 시사점을 줄 것이다.

1986년 도이머이 경제 개혁, 그리고 미국과의 수교

북베트남이 1975년 4월 남베트남을 흡수하는 통일을 완료했다. 베트남 공산당은 중국 화교들을 추방하고 소련의 지원을 받아 강력한 중앙집권식 계획 경제를 추진했다.

그런데 베트남이 1978년 캄보디아를 침공하면서 과도한 군사비를 지출했고 아울러 사회주의 경제 특유의 비효율성으로 인해 대규모 인플레이션 발생 등 경제가 악화했다.

1986년 베트남 공산당은 제6차 당 대회에서 도이머이 경제 개혁 전략을 발표했다. '도이머이'는 공산주의 정치체제를 유지하면서 시장 경제 도입을 통해 경제 발전을 도모하겠다는 내용을 담고 있다. 베트남 공산당은 가격 개혁, 금융 개혁, 농업 개혁, 해외자본 유치, 수출 지향적인 무역정책을 추진하면서 경제 체질 개선에 나섰다.

이후 베트남 공산당은 미국의 도움 없이는 베트남 경제가 근본적으로 성공할 수 없다는 것을 인식했다. 이와 관련해 미국은 베트남과의 관계 정상화는 캄보디아에서 베트남군 철수에 달려있다고 강조했다. 1989년 베트남이 캄보디아에서 베트남군을 철수하자 1992년 미국은 베트남의 통신 재개를 승인하면서 경제 제재를 부분적으로 해제했다. 그리고 1995년 7월 미국과 베트남의 외교 관계가 정상화됐다.

2001년 미국과 베트남의 무역 협정, 그리고 경제 도약

1996년 5월 미국과 베트남은 무역 협정을 위한 협상을 시작했고, 1998년 3월 미국은 사회주의 국가에 대한 최혜국 대우 부여를 제한하고 있는 잭슨-배닉 수정법*에 대한 베트남 적용의 면제를 부여했다.

2000년 7월 양국 간의 무역 협정이 체결됐고 2001년 12월 공식적으로 발효되면서 미국은 베트남에 정상교역관계(NTR) 지위를 부여하고 베트남 수출 제품에 대한 관세를 40%에서 3%로 낮췄다.

---

* 잭슨-배닉 수정법(Jackson-Vanik Amendment): 사회주의 국가에 대한 최혜국 대우 부여를 인권 상황과 연계하는 미국의 법안.

2001년 미국과 베트남 간 무역 협정이 타결된 이후 한국, 대만, 홍콩, 싱가포르에 있는 의류와 신발업체가 대거 베트남에 진출했다. 이 업체들은 미국의 유명 의류 브랜드 기업에 의류와 신발을 공급하는 주문자위탁생산(OEM) 혹은 제조업자개발생산(ODM) 관련 업체이기 때문에 미국과 베트남의 무역 협정 타결 여부가 가장 중요했다.

2001년 의류 OEM 및 ODM 대표 기업인 한세실업은 베트남 투자를 결정했다. 2002년 화승그룹은 리복 OEM 사업을 위해 베트남 동나이성 연짝공단에 운동화 제조공장을 설립했다. 이렇게 베트남 남부 지역에 구축된 대규모 의류와 신발의 생산 클러스터가 초기 베트남 경제성장을 주도했다.

또한, 2001년에는 소니, 캐논 등 일본 기업이 베트남에 진출하기 시작했다. 캐논은 하노이 인근에 프린터 생산 클러스터를 조성했고 약 100개의 일본 기업이 동반 진출했다.[156] 캐논은 일본에서 핵심 부품을 수입한 다음, 베트남에서 조립한 프린터를 해외에 수출하는 글로벌 가치사슬의 분업구조를 구축했다.

2007년 베트남의 WTO 가입과 고도성장

1995년 4월 베트남은 WTO(세계무역기구)에 가입을 신청하면서 WTO 회원국과 양자 및 다자 협상을 동시에 진행했다. 베트남은 WTO가 요구하는 정치, 경제, 사회 등 조건에 대한 협상을 타결했고 2007년 1월 WTO 회원국이 됐다. 또한, 베트남은 미국으로부터 항구적 정상교역관계(PNTR: Permanent Normal Trade Relation) 지위를 부여받았다. 베트남이 내외국인에게 공통으로 적용되는 투자법과 기업법을 시행하자 외국인의 베트남 투자가 급증했다.

2007년 WTO에 가입한 이후 베트남 정부는 산업구조의 고도화를 위해서 글로벌 IT 기업 유치에 적극적으로 나섰다. 베트남의 파격적인 인센티브 제공으로 삼성전자, 인텔, 폭스콘 등 글로벌 IT 기업들이 베트남에 진출했다.

2008년 삼성전자는 북부 박닌성 옌퐁공단에 12억 달러를 투자했고 삼성전자의 협력업체 53개가 동반 진출했다. 2009년 삼성전자 베트남 법인이 휴대폰을 수출하기 시작하면서 베트남의 휴대폰 수출이 급증했다. 2013년에는 휴대폰 수출이 213억 달러로 섬유·의류 수출 179억 달러를 제치고 베트남 1위 수출 품목이 됐다.[157]

베트남 정부는 2009년 일본과 경제동반자협정(EPA: Economic Partnership Agreement), 2015년 한국과 FTA를 통해 적극적으로 일본과 한국 기업을 유치했다. 2024년 말, 베트남의 누적 해외 직접투자(FDI)는 5,028억 달러다(제조업 3,088억 달러, 부동산

732억 달러, 전력과 가스 419억 달러, 건설 109억 달러 등).158

베트남은 해외 직접투자 유치를 통한 수출주도형 경제성장을 통해 경제가 고도성장했다. 수출의 경우 1990년 24억 달러, 1995년 54억 달러, 2001년 150억 달러, 2007년 486억 달러, 2015년 1,621억 달러, 2023년 3,538억 달러로 기하급수적으로 증가했다. 그러면서 베트남의 GDP는 1990년 82억 달러에서 2023년 4,337억 달러로 53배 증가했다.159

베트남 GDP 추이

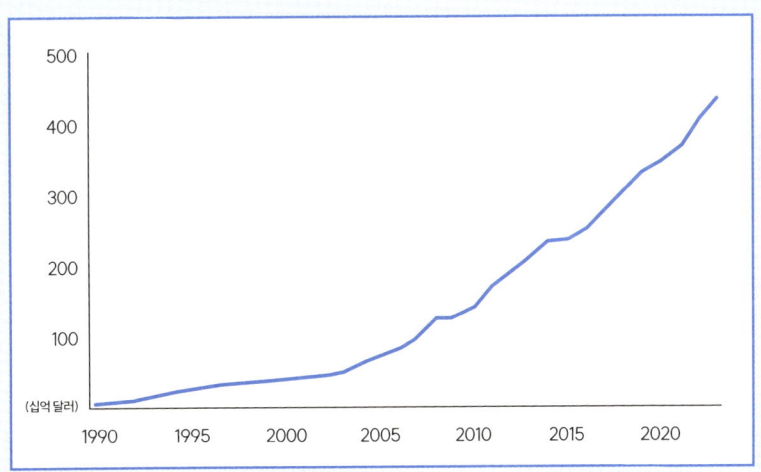

• 출처: 「국제·북한 통계」(국가통계포털)

8장

3단계 투자
경제 고도화는
4차 산업혁명으로

4차 산업혁명은 유무선 네트워크, 사물인터넷, 인공지능을 통해 모든 것이 연결되고 지능화되어 경제와 사회 시스템이 변화하는 것을 의미한다. 이러한 4차 산업혁명은 스마트 팩토리, 스마트 그리드, 스마트 시티 등을 가능하게 한다.

    북한 당국은 2012년부터 '새 세기 산업혁명'이라고 일컫는 북한판 4차 산업혁명을 통해 '단번 도약'을 추진하고 있다. 북한의 4차 산업혁명에도 한국 기업들의 성장 기회가 있다.

:: 01 ::
6세대 이동통신으로 단번 도약

　북한의 대표적인 이동통신사로는 고려링크가 있다. 2008년 고려링크에 5억 달러를 투자해 지분 75%를 확보했던 이집트의 오라스콤텔레콤은 수익의 외부 반출 문제와 유엔의 대북 제재 때문에 2018년 고려링크에서 철수한 역사를 갖고 있다. 현재 북한에는 고려링크, 강성네트, 별 등 3개 회사가 이동통신 서비스를 제공하고 있다.

　2023년 북한은 4세대 이동통신(LTE) 서비스를 시작했다. 북한의 4세대 이동통신 서비스 가입자들은 '대화원'이라는 앱을 통해 동영상이나 사진을 주고받는다.

　북한 당국은 이동통신 서비스 제공을 통해 북한 주민들에게 높은 수준의 요금을 부과하고 있다. 이는 북한의 이동통신 서비스가 북한의 조세 창구 역할을 하고 있음을 의미한다. 오라스콤텔레콤의 철수 사례로 비춰 봤을 때 수익에 대한 외부 반출은 사실상 불가능할 것으로 본다. 따라서 한국 이동통신업체가 북한에서 이동통신 서비스 사업을 하는 것은 사실상 불가능다고 평가한다.

6세대 이동통신(6G)은 5세대와 비교해 훨씬 빠른 속도로 데이터를 전송할 수 있어 완전 자율주행 등 혁신적인 서비스를 제공하는 차세대 이동통신 서비스다. 6세대 이동통신은 현재 기술 개발과 표준화를 진행하고 있는데 빠르면 선진국 중심으로 2030년에 상용화할 것으로 전망된다. 6세대는 지상 기지국과 저궤도 위성을 활용해 지상과 우주를 연결하는 통합적인 네트워크 시스템이다.

북한은 폭증하는 데이터 처리를 위해서 차세대 이동통신 네트워크를 구축할 필요가 있다. 이제 막 4세대 이동통신 서비스를 제공하고 있는 북한의 경우 2030년 이후 5세대 이동통신 네트워크보다는 6세대 이동통신 네트워크 구축으로 직행할 가능성이 있다고 본다.

한국 통신장비업체는 북한의 6세대 이동통신 네트워크 결정에 따른 기회를 모색해 볼 수 있다. 중국 화웨이가 북한 4세대 이동통신 장비를 공급했다는 점을 고려해 봤을 때 북한 당국은 화웨이의 의존도를 낮추기 위해서라도 한국업체의 통신장비를 선택할 가능성이 있다.

:: 02 ::
스마트 팩토리, 생산성을 높인다

컴퓨터 수치 제어(CNC: Computerized Numerical Control) 기술은 컨트롤러 기술을 통해 인간의 의도가 디지털 신호로 전환된 도면 혹은 명령체계로 기계에 전달되어 작업을 수행하게 됨으로써 생산성을 높일 수 있다. CNC 기술은 높은 수준의 컨트롤러 기술을 요구하면서 다양한 산업 현장이 요구하는 기술과 접목되는 종합적인 산업용 자동화 기술 패키지라고 할 수 있다.[160]

북한은 1990년대 국방 분야에 적용하기 위해 컴퓨터로 기계의 작동을 자동으로 조정하는 CNC 기술을 개발했다. 김정일 국방위원장 지시로 2009년 8월 CNC를 공식화해 산업 현장에 적용하기 시작했다.

이후 김정은 정권은 2018년 11월 '전국 정보화 성과전람회'에서 인공지능과 빅데이터 발전을 강조했다. 조선컴퓨터센터와 평양정보센터가 인공지능, 빅데이터, 사물인터넷 기술을 개발하고 있으며 국가과학원 기계공학연구소가 이 기술을 바탕으로 산업현장에 필요한 CNC 기술을 개발하고 있다. 북한은 북한판 4차 산업혁명의 핵심 기술이라고 볼 수 있는 CNC를 기반으로 한 생산 설비의 자동화·무인화·정보화를 추진하고 있다.

초기에 북한은 기계공업 부문에서 CNC를 통해 가공물을 자동으로 절삭하는 공법을 도입했고 이후 모든 작업을 처리할 수 있는 종합 자동 설비 시스템을 개발하고 있다. CNC 기술 기반의 스마트 팩토리 기술을 우선 희천련하기계종합공장, 금성트랙터공장 등 중공업 산업에 적용했다. 또한, 평양 어린이식료품공장, 라선맥주공장 등 음식료 산업에도 적용해 생산성을 높이고 위생과 품질 관리를 개선하고 있다.

북한의 경제 개발이 본격화되면 스마트 팩토리 수요가 큰 폭으로 증가할 전망이다. 한국 스마트 팩토리 관련 업체들은 북한 국가과학원과 협력을 통해 스마트 팩토리용 장비와 소프트웨어 사업으로 진출을 모색해 볼 수 있다.

::03::
동북아 슈퍼 그리드, 에너지 인프라의 혁신적 변화

김정은 정권은 심각한 전력 부족을 해소하기 위해 태양광, 풍력 등 신재생 에너지 사업을 강화하고 있다. 진흥태양광전지공장에서 태양광 패널을 자체 생산하고 있으며 각 지역에 태양광을 활용한 마이크로 그리드(소규모 지역에서 전력을 자급자족할 수 있는 전력망) 사업을 구축하고 있다. 북한 주민은 태양광을 주요한 전력원으로 사용하고 있다.

단천시에는 풍력발전소를 건립했다. 북한의 국가과학원은 라선무역회사와 공동으로 풍력, 태양광, 수력을 통합한 분산형 발전 시스템을 개발했다.161 그러나 북한은 신재생 에너지 사업만으로 에너지 부족 문제를 해결할 수 없는 상황이다.

스마트 그리드(Smart Grid)는 '전력 생산-송전-소비'까지 전 과정을 정보화·지능화·자동화를 통해 에너지 인프라의 효율성을 높이는 것을 의미한다. 여기에서 더 발전한 슈퍼 그리드는 여러 국가의 전력망을 연결해 국가 간에 전기 에너지를 상호 공유하는 것을 말한다. 특정 국가의 잉여전력을 에너지가 부족한 국가에 주고받을 수 있는 시스템이다. 대표적인 북유럽 슈퍼 그리드(Nord EU Supergrid)는 35개국의 합의로 북해 연안의 풍력과 수력 에너지를 초고압 직류 송전(HVDC) 기술을 통해 유럽 전역에 효율적으로 연계하는 프로젝트다.

손정의 소프트뱅크 회장은 2011년 후쿠시마 원전 재앙을 목격한 후 '아시아 슈퍼 그리드' 구상을 제안했다. 이는 몽골의 신재생 에너지를 바탕으로 아시아 국가 간의 전력 연계를 추진하는 것을 말한다. 2017년 9월 문재인 대통령은 동방경제포럼 연설에서 동북아의 에너지 공동체를 결성을 위한 '동북아 슈퍼 그리드' 구축 협의를 시작하자고 제안했다.

동북아 슈퍼 그리드는 전 세계 전기 에너지 수요의 3분의 1을 차지하는 한국, 중국, 일본, 러시아, 몽골 등 동북아시아 국가들을 하나의 초광역 전력망으로 연결해 안정적이고 효율적인 전력 공급을 추구하는 에너지 네트워크를 의미한다. 몽골 고비사막의 태양광, 시베리아의 수력과 천연가스를 활용한 전기를 초고압 직류 송전 방식의 육상선로와 해저케이블로 동아시아 국가들에 공급함으로써 전력 수급의 불균형을 해소하고 전력 가격 차이를

동북아 슈퍼 그리드 개요

활용한 경제적 이익을 공유할 수 있다.162

동북아 슈퍼 그리드에 북한을 편입시키면 북한의 효율적인 에너지 인프라 구축에 도움이 될 것이다. 또한, 동북아 슈퍼 그리드가 북한의 경제개발구와 연계되면 북한은 혁신적인 스마트 그리드를 구축할 수 있다.

한국의 전선업체는 동북아 슈퍼 그리드 사업에 초고압 직류 송전선을 공급할 수 있다. 이뿐만 아니라 동북아 슈퍼 그리드는 신재생 에너지에 필요한 ESS(에너지저장시스템)를 요구하고 있으므로 ESS에 핵심적으로 쓰이는 이차 전지를 만드는 업체도 수혜를 입을 수 있다.

::04::
스마트 시티, 경제개발구가 첨단 도시로 변모한다

   스마트 시티는 차세대 통신 네트워크를 기반으로 인공지능(AI), 빅데이터, 사물인터넷 등 첨단 IT 기술을 통해 도시의 기능을 효율적으로 운영해서 도시의 경쟁력과 주민 삶의 질을 향상하는 것을 의미한다.

   북한 당국은 10개 중앙급 경제개발구와 19개 지방급 경제개발구를 지정했는데 여기에 스마트 시티를 구축하면 북한 경제 발전이 빠르게 고도화될 수 있다.

   1989년 천안문 사태와 1991년 소련 해체로 인한 체제 위기를 극복할 필요가 있었던 덩샤오핑은 1992년 선전, 상하이 등 중국의 남부 지방을 시찰하면서 중요한 담화를 발표하는 '남순강화(南巡講話)'를 했는데 이 남순강화를 통해 개혁 및 개방정책을 강력하게 추진했다.

1994년 중국은 싱가포르와 합작으로 쑤저우공업원구를 조성했다. 쑤저우공업원구는 도시 계획, 물류 등 도시 인프라뿐만 아니라 급여와 사회보장제도까지 싱가포르 시스템을 도입했다. 20여 년 동안 이곳에 입주한 외자 기업은 5,000개 이상이다.163

북한은 전 세계가 스마트 시티로 가고 있는 분위기를 알고 있을 것이므로 쑤저우공업원구 모델에 스마트 시티를 접목하는 북한식 개방 모델을 추진할 가능성이 매우 높다. 개성, 은정, 진도, 나선 등 중앙급 경제개발구에 스마트 시티를 구축해서 성과를 평가한 다음, 나머지 경제개발구로 확산할 것으로 본다.

하루빨리 개발이 급한 북한의 경우 경제개발구의 스마트 시티 추진을 통해 혁신적인 교통·물류와 에너지 인프라를 구축할 것이며 동시에 경제 발전의 고도화를 촉진할 것이다. 이미 스마트 시티 사업을 경험했던 한국 기업에 기회의 문이 좀 더 빠르게, 그리고 좀 더 많이 열릴 가능성이 매우 높다.

::05::
고속철도 사업, 한반도와 중국의 교통 혁명이 시작된다

    2014년 북한은 중국과 신의주~개성 간 국제 고속철도 건설에 합의한 바 있다. 이 사업의 노선은 신의주~개성 376킬로미터이며 공사 기간은 5년, 예산은 210억 달러로 알려졌다. 북·중 국제 컨소시엄이 투자하고 비용을 회수한 뒤에는 북한에 무상 공여하는 방식이었다.164

    4.27 남북 정상회담에서 김정은 위원장은 평창 고속철도를 언급했다. 문재인 대통령은 목포-서울-평양-신의주-베이징을 연결하는 고속철도 사업을 제안했다. 중국 전역에 고속철도가 깔려 있으므로 남북 고속철도를 건설하면 곧바로 중국 고속철도와 연결될 수 있다.

    2021년 한국의 고속철도는 1,040킬로미터이고, 중국에서는 3만 9,000킬로미터가 운행되고 있다. 고속철도를 이용하면 서울에서 평양까지 약 1시간, 서울에서 신의주까지 약 2시간이 걸리며 특히 서울에서 베이징까지 약 5시간 내외로 소요된다. 진장원 유라시아교통연구소장의 계산에 따르면, 한국이 지분 50%를 소유하는 경우 생산 효과 13조 5,000억 원, 고용 유발 효과 연인원 약 23만 명의 경제적 파급효과가 있다고 분석했다.165 한국건설산업연구원에 따르면, 서울~신의주 고속철도(총연장 450.5킬로미터)에 약 20조 원이 소요된다고 추산했다. 투자 방식으로는 민관협력사업(PPP)이 타당하다고 봤다.166

한국-북한-중국을 연결하는 고속철도는 한반도와 중국의 교통 인프라를 획기적으로 개선함으로써 경제·사회·문화 교류가 활성화될 것이다.

한국 정부는 현대로템, 코레일과 함께 컨소시엄을 통해 한반도 고속철도 사업을 모색할 수 있다. 한반도 고속철도 사업에 고속열차, 철강, 전력, 전자 등 다양한 기업이 참여할 수 있어 산업 파급효과가 클 것으로 기대된다.

*

북한은 북한판 4차 산업혁명인 '새 세기 산업혁명'을 추진하면서 북한 경제의 고도화를 추진할 전망이다. 2030년 이후 북한은 폭증하는 데이터를 처리하기 위해 5세대 이동통신을 뛰어넘어 6

세대 이동통신 네트워크 구축으로 직행할 가능성이 있다. 아울러 산업의 생산성을 높이기 위해 산업별 CNC 기반의 스마트 팩토리 비중을 확대할 것이다.

이러한 발전 속도에 따른 전력 문제를 해소하기 위해 신재생 에너지를 기반으로 한 스마트 그리드를 추진할 수 있다. 이때 북한이 동북아 슈퍼 그리드 사업에 참여한다면 북한의 전력 인프라는 획기적으로 개선될 수 있다.

북한은 지역 발전에도 관심을 갖고 있기 때문에 다국적 기업의 투자를 유치하기 위해 10개 중앙급 경제개발구와 19개 지방급 경제개발구에 스마트 시티를 접목할 것이다. 북한의 경제개발구에 스마트 시티가 추진되면 혁신적인 교통·물류 인프라가 구축되므로 고도성장의 기반이 될 수 있다.

여기에 신의주 고속철도를 중국 고속철도와 연결할 수 있다면 한반도와 중국의 교통 인프라에 혁명이 일어날 것이다. 북한의 경제 고도화로 인해 한반도와 중국 간의 경제 및 사회 교류가 폭발적으로 활성화될 수 있다.

북한의 GDP가
20년 동안 5.2배 증가할 수 있다

한국 원화 기준으로 2024년 북한의 GNI(국민총소득)는 44조 4,000억 원으로 추산됐다.167 이를 원/달러 환율 1,400원을 적용하면 317억 달러로 계산된다.

북한은 폐쇄적인 국가이기 때문에 GNI를 GNP(국민총생산)로 볼 수 있다. 이 책에서 2025년 북한 GDP(국내총생산)를 2024년 GNI 317억 달러에 5% 증가한 333억 달러로 예상했다.

2026년부터 2045년까지 매년 북한의 경제 성장률을 1996년부터 2015년까지 베트남 경제 성장률에 2%p를 더한 수치로 산정했다. 북한이 베트남식 경제 개발 모델을 추구할 것으로 예상되기 때문에 베트남 경제 성장률을 대입했다. 또한, 베트남이 1995년 미국과 수교를 정상화하면서 경제가 성장했다는 점을 고려해 베트남 경제 성장률의 기간을 1996년부터 2015년까지로 했다.

  한국 정부는 대외경제협력기금, 공적개발원조, 정책금융기관의 차관 등의 형태를 통해 북한의 인프라 구축과 북한에 진출하는 한국 기업에 지원할 것이다. 북한은 인접한 한국의 대대적인 지원이 있을 것이므로 베트남의 경우에는 없었던 성장 요인이 더 있다고 할 수 있다. 또한, 2025년 북한 경제성장의 조건이 1995년 베트남 경제성장의 초기 조건과 비교해 농업을 제외한 지리적 강점, 언어, 소프트웨어 등 첨단 기술력에서 탁월하다고 평가할 수 있다. 여기에 북·일 수교가 이뤄지면 대일청구권 자금 210억 달러 이상이 북한에 유입될 수 있다. 이러한 추가적인

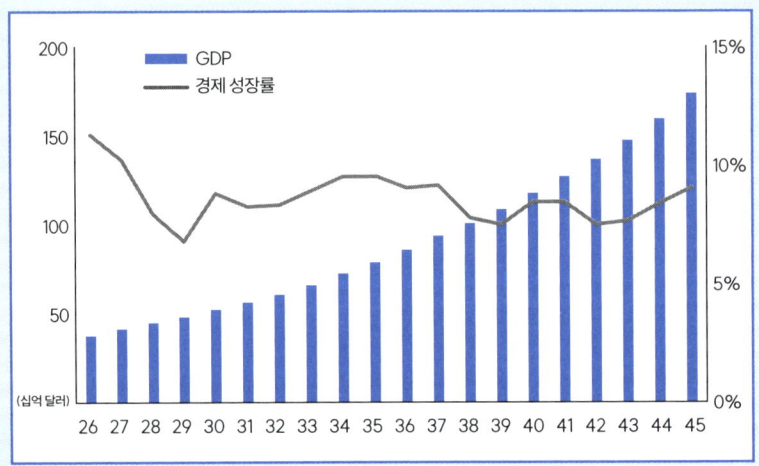

향후 20년간 북한 GDP와 경제 성장률 추정

성장 요인을 고려해 베트남 성장률에 2%p를 더했다.

　이러한 가정을 반영한 2045년 북한의 GDP는 1,730억 달러로 2025년 대비 5.2배 증가할 것으로 예측한다. 이런 상승에 대한 수혜를 한국 기업이 받을 것이다. 자연스럽게 한국 증시에 반영될 것이고 그 열매를 한국 증시 투자자들이 받을 가능성이 높다.

　이처럼 북한 경제 개발은 한국 정부, 한국 기업, 한국 주식 투자자 모두에게 혜택을 주는 성장 모멘텀(Momentum)이 될 것이다.

한반도 경제공동체를 위한 정부의 역할

한국 정부는 과거 적대국이었던 중국, 베트남과 경제 교류를 하고 있듯이 동등하게 북한을 대우해야 한다. 다만, 한민족이라는 특수성을 고려해 합리적인 범위 내에서 대북 경제정책을 추진해야 한다.

첫째, 한국 정부는 북한이 IMF, 세계은행, WTO 등 국제 금융 및 무역기구에 조속하게 가입할 수 있도록 협력해야 한다.

둘째, 기업과 개인들이 안심하게 북한에 투자할 수 있도록 북한과 투자 보장책을 마련해야 한다.

셋째, 공적개발원조(ODA) 형식을 통해 북한의 교통·물류, 에너지, 보건 인프라 개선에 필요한 자금 지원을 모색할 수 있다. 2024년 한국의 공적개발원조 금액은 국민총소득(GNI)의 0.21%인 39억 4,000만 달러로 2023년 31억 6,000만 달러 대비 24.8% 증가했다. 2024년 공적개발원조에서 무상 원조는 22억 2,000만 달러로 전체 39억 4,000만 달러의 56%를 차지했다. 2010년부터 2024년까지 공적개발원조 누적 금액은 339억 달러다.* 한국 정부는 미국, 일본, 독일 등 선진국들이 북한에 공적개발원조 자금을 제공할 수 있도록 협력해야 한다.

과거 금강산 관광 중단, 개성공단 폐쇄 등 정치적 리스크에 따른 불확실성으로 기업과 개인들의 북한 진출이 쉽지 않은 상황이다. 한국 정부는 정치적 불확실성에 따른 사업 리스크를 완화할 수 있는 보험과 금융 지원제도를 수립해야 한다. 특히 한반도 경제공동체 추진을 위해서 북한에 투자하는 기업과 개인들에게 인센티브를 검토할 필요가 있다.

베트남 경제의 성공은 베트남 정부의 적극적인 한국 기업 투자 유치정책 때문이다. 베트남 정부는 중국과 달리 한국 기업의 100% 단독 투자를 허용해 주고 법인세, 토지 사용료 감면 등 각종 인센티브를 제공했다.

한국 정부도 베트남 정부처럼 북한에 진출 혹은 투자하는 기업과 개인들에게 제공할 인센티브를 검토해야 한다. 예를 들어, 북

---

* 2024년 경제협력개발기구(OECD) 32개국의 ODA 지원 규모는 2,121억 달러이며 미국 633억 달러, 독일 324억 달러, 영국 180억 달러, 일본 168억 달러 순이다「'24년 한국 공적개발원조(ODA) 39.4억 불 지원」('외교부 보도자료', 2025년 4월 17일)].

한 인프라 펀드, 북한 투자 관련 사모펀드에 가입하는 개인들에게 상속세 및 증여세 세액 공제 또는 감면 등 인센티브를 제공한다면 고액 자산가들이 북한 투자에 적극적으로 나설 수 있는 요인이 될 수 있다.

미주

1. 박진백·권건우,「저출산 원인 진단과 부동산 정책방향」,『국토정책 Brief』(국토연구원, 2024).
2. 『2025~2065 장기재정전망』(기획재정부)
3. 한국의 잠재 성장률은 2025~2030년 1.5%에서 2041~2050년 0.1%로 추정. 김지연·김준형·정규철,『KDI 현안분석: 잠재 성장률 전망과 정책적 시사점』(2025년 5월), 45면.
4. 훙호펑,《제국의 충돌》, 하남석 옮김(글항아리, 2022), 103~104면.
5. 최진백,「미·중 무역분쟁의 내용과 전망: '중국 제조 2025'를 중심으로」,『IFANS 주요 국제 문제 분석』(국립외교원 외교안보연구소, 2018), 5~7면.
6. 「국제·북한 통계」(국가통계포털)
7. 「K-Start 무역통계」(한국무역협회)
8. 「국제·북한 통계」(국가통계포털)
9. 「20년 베트남 전문가가 보는 베트남 경제: 1인당 GDP·인구구조 등 1988년 한국과 비슷」,『월간조선』(2025년 5월호).
10. 「'우크라이나 재건 비용 10년간 750조 원' … 국제기구 추산」,〈중앙일보〉, 2025. 2. 26.
11. 『한반도 통일과 금융의 역할 및 정책과제』(금융위원회, 2014년 11월 19일).

12~13. 블룸버그, 삼일PwC경영연구원

14. 「코리아 디스카운트 진짜 원인은 '성장 동력 낮은 기업들 모인 경제구조'」,〈조선일보〉, 2025. 2. 23.
15. 「짐 로저스, "북한에 전 재산 투자하고 싶다"」,〈SBS Biz〉, 2014. 9. 18.
16. 「짐 로저스, "한국은 더 이상 '투자 매력'이 없는 나라"」,〈조선일보〉, 2017. 8. 12.
17. 「짐 로저스, "美, 부채 문제로 침몰할 것 … 미국에 주식 투자 안 한다"」,〈조선일보〉, 2025. 1. 27.
18. 「박철언 쓴소리, "담대한 구상 표현 부적절 … 대북 전단 금지 필요"」,〈노컷뉴스〉, 2022. 9. 20.

19. fred.stlouisfed.org/series/GFDEBTN
20. 「경제 활동별 국내총생산(당해년 가격)」(국가통계포털)
21. 「美 사령관, "한국은 중국 앞의 항모 … 주한미군, 北 격퇴만 초점 아냐"」, 〈동아일보〉, 2025. 5. 16.
22. 박건영, 《국제관계사》(사회평론아카데미, 2022), 440면.
23. 「북한의 대외 무역 동향」(코트라), 「국제·북한통계」(국가통계포털) 참고.
24. 「"日 100년의 적, 中은 1000년 숙적" … 북한과 중국의 동상이몽」, 〈머니투데이〉, 2021. 12. 14.
25. 「"김정은, 中으로부터 北 보호 위해 주한미군 필요하다 말해"」, 〈동아일보〉, 2023. 1. 25.
26. 시그프리드 헤커 등, 《핵의 변곡점》, 천지현 옮김(창비, 2023), 479면.
27. www.sipri.org/yearbook/2025
28. 「SIPRI "북한 핵탄두 1년 전보다 20기 늘어난 50기 … 중국 보유 증가세 가장 커"」, 〈VOA〉, 2024. 6. 18.
29. 정성윤 외, 《북핵 종합평가와 한반도 비핵화 촉진전략》(통일연구원, 2023), 127~128면.
30. 「與 유용원 "北 신형 ICBM 화성-19형, 고체연료 기반 '단탄두·다탄두' 2종 개발 추정"」, 〈파이낸셜뉴스〉, 2024. 11. 24.
31. 김진하, 「북한 지전략(地戰略)의 패턴 분석 및 사례 연구」, 『통일정책연구』(제33권 2호, 통일연구원, 2024), 108면.
32. 「"북한, 7~8월 러시아에 추가 파병" … 리설주는 구찌백 들고 수영장 등장」, 〈머니투데이〉, 2025. 6. 27.
33. 「美 민주·공화 모두 당 강령에 '북한 비핵화' 사라졌다」, 〈서울신문〉, 2024. 8. 21.
34. 앨브리지 A. 콜비, 《거부전략》, 오준혁 옮김(박영사, 2023).
35. 최원기, 『트럼프 2기 행정부의 동아시아 정책 전망』(국립외교원 외교안보연구소, 2025), 30~31면.
36. 김동성, 『2025년 트럼프 2기 행정부의 대북정책 전망과 한국의 대응』(아산정책연구원, 2025), 9면.
37. 「빅터 차 "트럼프, 北 CVID 표방하나 對美 위협 제거에 집중할 수도"」, 〈연합뉴스〉, 2025. 2. 19.

38. 「90년대 초 北・日 관계 개선 주도한 가네마루 아들, 60여 명 이끌고 방북」, 〈조선일보〉, 2019. 9. 16.

39. 「국제・북한 통계」(국가통계포털)

40. 「국제・북한 통계」(국가통계포털) | 「2024 북한 대외무역 동향」(코트라).

41. 「국제・북한 통계」(국가통계포털)

42. UN Doc. S/2024/215 (7 March 2024), para.148 & 149. | 이무철 외, 《북한인권백서 2024》(통일연구원, 2024), 424~437면.

43. 「中, 北 노동자 전원 귀국 요구 … 북중 관계 이상 기류에 주목」, 〈동아일보〉, 2024. 7. 9.

44. 「외화 환율 천정부지로 치솟자 협동화폐거래소도 위축」, 〈데일리NK〉, 2025. 7. 22.

45. 「국제・북한 통계」(국가통계포털)

46. 「김정은의 호화 아파트 포상 … 평양 집값은?」, 〈MBC 뉴스〉, 2022. 4. 23.

47. 「부동산 실거래는 '뚝', 그런데 집값은 계속 올라 … 그 이유는?」, 〈데일리NK〉, 2025. 8. 26.

48. 「국정원 "北 러시아 파병 대가는 1인당 月 2,000달러 수준"」, 〈조선일보〉, 2024. 10. 24.

49. 「해외/북한」(한국은행 경제통계시스템)

50. 「북한 ICBM 시험, 김정은 기만정책 보여줘 … 인민 생활 경시하고 체제 안위 집중」, 〈VOA〉, 2022. 3. 25.

51. 「국제・북한 통계」(국가통계포털)

52. UN Doc. S/2024/215 (7 March 2024), para.148 & 149. | 이무철 외, 《북한인권백서 2024》(통일연구원, 2024), 424면.

53. 「국민 계정」(한국은행), 「국제・북한 통계」(국가통계포털)

54. 국가기록포털(www.archives.go.kr)

55. 「국제・북한 통계」(국가통계포털)

56. 「"우리랑 희토류 개발" 美・中, 개도국 선점 경쟁」, 〈조선일보〉, 2025. 8. 6.

57. 김지연, 「유럽석탄철강공동체(ECSC)가 한반도 평화공동체에 주는 함의: 분쟁 후 평화구축의 관점을 중심으로」(연세대학교 대학원 석사 학위 논문, 2022).

58. 유성애, 「북한의 인구 재생산 담론 변화 연구: 여성의 임신・출산을 중심으로」(북한대학원대학교 석사 학위 논문, 2023), 62~66면.

59. 유성애,「북한의 인구 재생산 담론 변화 연구: 여성의 임신·출산을 중심으로」(북한대학원대학교 석사 학위 논문, 2023), 77~92면.
60. 『2024 북한의 주요통계지표』(통계청, 2024), 3~4면.
61. 「50대 이상 비율 27%→38% … 숙련 근로자 10년 뒤 대부분 은퇴」, 〈한국경제신문〉, 2025. 1. 8.
62. 「"北, 하드웨어 부족하니 소프트웨어에 사활 걸어 … 유치원부터 영어 열풍」, 〈조선일보〉, 2024. 1. 3.
63. 「북한 시장 경제의 실험실, 평양 락랑구역 [곽인옥 교수의 평양 시장 경제 리포트]」, 〈쿠키뉴스〉, 2025. 8. 12.
64. 「신분 위장한 채 해외 합숙 … 중국 드론 기술 훔치려던 A의 정체 [북한은 지금]」, 〈서울경제신문〉, 2025. 5. 4.
65. 『북한 지식 사전』(통일교육원, 2021), 718면.
66. 『2024 북한 이해』(국립통일교육원, 2024), 215~217면.
67. 홍민·차문석·김혁,《2022 북한 공식시장 현황》(통일연구원, 2022).
68. 「김일성 동상 옆까지 시장 허가 … 동대문시장 2배 규모도」, 〈한겨레〉, 2019. 10. 19.
69. 『북한 지식 사전』(통일교육원, 2021), 255~256면.
70. UNICEF, *Multi Indicator Cluster Survey 2017 Survey Finding Report: Democratic People's Republic of Korea*, Pyongyang: Central Bureau of Statistics and UNICEF, 2018, p. 31.
71. 정은미,「북한 휴대전화 연구: 취약계층의 소득 증대를 중심으로」, 『KDI 북한 경제 리뷰』(제27권 제5호, 2025년 5월호), 7~8면.
72. 『2024 북한의 주요통계지표』(통계청, 2024), 207면.
73. 김영윤,『북한 광물자원 개발을 위한 남북 협력방안 연구』(연구총서 05-09, 통일연구원, 2005), 3면.
74. 이성로 등, '풍부한 자원 매장량, 남북경협 시너지의 원천',《한반도를 경영하라 Ⅱ》(중소기업중앙회, 2016), 13면.
75. 「北 지하자원 잠재 가치, 남한의 21배–북한자원연구소」, 〈한국경제신문〉, 2012. 8. 26.
76. 「북한 '우라늄' 채굴 계속된다는데 … 매장량 정말 세계 최대 규모일까?」, 〈아시아경제〉,

2018. 11. 5.

77. 「러시아, "북한과 합작 투자 움직임 활발"」, 〈노컷뉴스〉, 2015. 10. 16.
78. 「남북 관계 자원 협력으로 풀어보자」, 〈경인일보〉, 2024. 5. 16.
79. 「북한, 국제 사모펀드와 희토류 개발 … 합작회사 설립」, 〈VOA〉, 2013. 12. 7.
80. 『북한 지식 사전』(통일교육원, 2021), 801~802면.
81. 『북한 지식 사전』(통일교육원, 2021), 803~804면.
82. 「북한 5세 미만 사망률 1,000명당 18명 … 코로나19로 인한 국경 봉쇄 탓?」, 〈경향신문〉, 2025. 4. 8.
83. 「유니세프, "지난해 북한에 필수 백신 710만 회분 지원"」, 〈VOA〉, 2025. 2. 8.
84. 「북핵 협상 모드서 나온 북 사이버 부대 경고 … "정교한 해킹 머신"」, 〈SBS 뉴스〉, 2018. 4. 20.
85. 「北 '해킹 부대'도 철수하나? 전문가 "방심 금물"」, 〈헤럴드경제〉, 2018. 4. 30.
86. 「넓은 아파트 받고 군 면제 특혜 누린다 … 북한 코인 부자 만든 '라자루스' 실체」, 〈아시아경제〉, 2025. 3. 30.
87. 『2016 통일백서』(통일부, 2016).
88. 『북한 지식 사전』(통일교육원, 2021), 29면.
89. 「개성공단 10년, 입주 상장사 고성장세」, 〈아시아경제〉, 2015. 1. 19.
90. 「'한반도 평화' 이재명 정부 출범 … 개성공단 K패션 신원그룹 '관심'」, 〈한국금융〉, 2025. 6. 5.
91. 「로만손 "개성공단 추가 투자 안 한다"」, 〈한국경제신문〉, 2009. 11. 12.
92. 「쿠쿠전자, 상장 통해 장남 경영권 강화・차남 1,500억 원 확보」, 〈조선비즈〉, 2014. 8. 5.
93~94. 「"무조건 들어갑니다", 패션・유통 기업 개성공단 재입주 기대감 ↑」, 〈뉴스1〉, 2018. 6. 12.
95. 「국제・북한 통계」(국가통계포털)
96. 『2017 북한의 주요통계지표』(통계청, 2017), 127~128면.
97. 『통일백서 2008』(통일부, 2008).
98. 「원산을 싱가포르처럼 … 80억 달러 규모 '김정은 비즈니스'」, 〈동아일보〉, 2018. 12. 18.

99. 「김정은, "원산 카지노에 美 투자해달라"」, 〈동아일보〉, 2018. 6. 5.
100. 「러 여행사, 북 원산갈마 관광객 모집 … 7박 8일 208만 원 패키지」, 〈문화일보〉, 2025. 8. 10.
101. 「트럼프그룹, 베트남에 2兆 규모 리조트 착공」, 〈조선비즈〉, 2025. 5. 21.
102. 『2020 북한의 산업 Ⅲ』(KDB산업은행, 2020), 132~134면.
103. 〈조선중앙통신〉, 2015. 5. 30.
104. 『2020 북한의 산업 Ⅲ』(KDB산업은행, 2020), 151~152면.
105. 『2024 북한의 주요통계지표』(통계청, 2024), 135~136면.
106. 『2024 북한의 주요통계지표』(통계청, 2024), 139~140면.
107. 『2024 북한의 주요통계지표』(통계청, 2024), 141~142면.
108. 「남북 철도 연결, 기대 속 우려도 … 러·中이 이권 내세워 뛰어들면」, 〈동아일보〉, 2018. 10. 22.
109~110. 「나진-하산 프로젝트 재개 물살 … 밀착하는 러시아와 북한」, 〈동아일보〉, 2023. 10. 1.
111. 『2024 북한의 주요통계지표』(통계청, 2024), 16면.
112. 「30년째 계속되는 북한 전력난」, 〈VOA〉, 2021. 2. 12.
113. 김경술, 『북한 에너지 소비 형태 조사분석 연구: 가정/상업/공공기타부문』(에너지경제연구원, 2013), 18면
114. 박용석, 「북한의 주요 건설 수요와 '한반도개발기금' 조성 방안 연구」, 『건설이슈포커스』(한국건설산업연구원, 2019).
115. 「[팩트 체크] 우리나라에도 희토류가 있다?」, 〈연합뉴스〉, 2025. 3. 5.
116. 「대북강경책 속 MB가 추진한 '北 희토류 개발'의 교훈」, 〈주간조선〉, 2023. 1. 24.
117. 「북한의 지하자원」, 〈KBS WORLD Radio〉, 2025. 4. 30.
118. 「北, 스위스회사 통해 마그네샤 유럽 수출」, 〈연합뉴스〉, 2009. 9. 25.
119. 「북한 지하자원 중국엔 '노다지' 한국엔 '노터치'」, 〈한겨레〉, 2008. 11. 28.
120. 「순천시, 독일 헬름홀쯔·폭스바겐 연구소와 마그네슘 공동 개발 추진」, 〈파이낸셜뉴스〉, 2018. 11. 30.

121. 「북한 지하자원 중국엔 '노다지' 한국엔 '노터치'」, 〈한겨레〉, 2008. 11. 28.
122. 금융감독원 전자공시시스템(DART)
123. 『2024 북한의 주요통계지표』(통계청, 2024), 90면.
124. 『북한의 산업 Ⅱ』(KDB산업은행, 2020), 67~69면.
125. 이석기·김창도, 《북한 철강 산업 재건을 위한 남북 협력방안》(산업연구원, 2014), 56면.
126. 이석기·김창도, 《북한 철강 산업 재건을 위한 남북 협력방안》(산업연구원, 2014), 57면.
127. 『북한의 산업 Ⅱ』(KDB산업은행, 2020), 341~343면.
128. 『2024 북한의 주요통계지표』(통계청, 2024), 97면.
129. 『북한의 산업 Ⅱ』(KDB산업은행, 2020), 361~363면.
130. 『2018 통일백서』(통일부, 2018), 24면.
131. 강부균·김경민, 「2025 국제북극포럼 개최와 러시아의 북극 개발 방향」, 『KIEP 세계경제 포커스(Vol. 8, No. 17)』, 3~4면.
132. 「푸틴, 북극−극동 잇는 초대형 물류 프로젝트 공식화 … "북한과도 연결"」, 〈중앙일보〉, 2025. 9. 5.
133. 「빙하 녹으며 열리는 북극항로 … 더 힘받는 K−쇄빙선」, 〈국민일보〉, 2025. 9. 11.
134. 「베트남에서는 '올해의 기업'으로 선정된 삼성전자」, 〈아시아경제〉, 2019. 1. 26.
135. 「베트남 소도시에 한국 기업 '북적' … 삼성·캐논 수출기지로」, 〈매일경제신문〉, 2018. 9. 24.
136. 「20년 베트남 전문가가 보는 베트남 경제: 1인당 GDP·인구구조 등 1988년 한국과 비슷」, 〈월간조선〉(2025년 5월호).
137. 「북한 스마트폰 장악한 '진달래' … '오빠' 치면 경고 알림 뜬다」, 〈뉴스1〉, 2025. 6. 9.
138. 김민관, 「북한 IT 산업 기술 수준 분석 및 남북 협력방안」, 『북한 이슈』(KDB산업은행, 2015), 108면.
139. 『북한의 산업 2015』(KDB산업은행, 2015), 731~732면.
140. 「北, 일체형 PC '아침' 생산 … "하드 디스크 없고 보안 강해"」, 〈데일리NK〉, 2020. 2. 11.
141. 김영희, 「북한의 5대 시장 형성과 작동 매커니즘을 통해 본 시장화 실태」, 『KDB 북한개발』(KDB산업은행, 2017년 봄호), 63면.

142. 『북한의 산업 2015』(KDB산업은행, 2015), 988~989면.

143. 〈조선중앙통신〉, 2025. 4. 7. | 『2020 북한의 산업 Ⅲ』(KDB산업은행, 2020), 435면.

144. 「저변 넓히는 北 온라인 쇼핑몰 … 전자 결제에 해외 판매까지」, 〈무역뉴스(한국무역협회)〉, 2021. 3. 17.

145. 「평양에서도 모바일 결제가 대세 … "현금 결제 앞질러"」, 〈뉴스1〉, 2025. 8. 12.

146. 『북한의 산업 Ⅱ』(KDB산업은행, 2020), 433~435면.

147. 『북한의 산업 Ⅱ』(KDB산업은행, 2020), 609~610면.

148. 『2019 북한의 주요통계지표』(통계청, 2019), 131면.

149. 『2019 북한의 주요통계지표』(통계청, 2019), 108면.

150. 세르게이 루코닌, 《통일 후 동아시아 가치사슬 변화에 따른 러시아의 대한반도 경제협력 전략》(대외경제정책연구원, 2016), 48~51면.

151. 「[거세지는 푸틴의 동방정책] 극동·시베리아 개발해 경제 대국 꿈꿔」, 〈중앙일보〉, 2016. 8. 28.

152. 「남·북·러 가스관 연결해 '저렴한 PNG' 수입 검토」, 〈경향신문〉, 2018. 6. 1.

153. 「中, LNG보다 PNG … 화학업계 '호재'」, 〈EBN〉, 2018. 3. 19.

154. 「K-Start 무역통계」(한국무역협회)

155. 「[북·미 정상회담 D-2] "북한, 알고 보니 수년간 베트남 경제 개혁 모델 연구"」, 〈이투데이〉, 2019. 2. 26.

156. 곽성일, 이재호, 《주요국의 대(對)베트남 진출 전략과 시사점》(대외경제정책연구원, 2016), 56~57면.

157. 『Trade and Tourism』[General Statistics Office of Vietnam(베트남 통계청)].

158. 『Investment and Construction』[General Statistics Office of Vietnam(베트남 통계청)].

159. 「국제·북한 통계」(국가통계포털)

160. 강호진, 「김정은 시대 '인민 경제 CNC화' 추진: 분산 조정 체계' 보급을 중심으로」, 『KDI 북한 경제 리뷰』(제27권 제5호, 2025년 5월호), 35면.

161. 박은진, 「북한의 과학기술정책과 주요 산업별 추진 현황」, 『KDB 북한 개발』(KDB산업은행, 2017년 겨울호), 225~228면.

162. 「[에너지 칼럼] 동북아 슈퍼 그리드 구축으로 전력 실크로드 부활을 염원하며」, 〈로이슈〉, 2025. 4. 22.
163. 「[특파원 스페셜] '동방의 베네치아' 쑤저우의 변신」, 〈아주경제〉, 2019. 11. 7.
164. 「북-중 잇는 철도·도로 건설, 한국도 참여할까」, 〈한겨레〉, 2014. 4. 6.
165. 「서울~단동 '고속철'로 달린다면」, 〈주간경향〉, 2021. 12. 27.
166. 「서울~평양~신의주 간 고속철도·고속도로 건설, 30조 원 소요된다」, 〈국토일보〉, 2020. 10. 22.
167. 「해외/북한」, (한국은행 경제통계시스템)

한반도
슈퍼 사이클

초판 1쇄 펴냄 2025년 11월 14일
초판 2쇄 펴냄 2025년 11월 28일

지은이   소현철, 최영호
펴낸이   김경섭
펴낸곳   도서출판 삼인
전화   (02) 322-1845
팩스   (02) 322-1846
이메일   saminbooks@naver.com
등록   1996년 9월 16일 제25100-2012-000045호
주소   (03716) 서울시 서대문구 성산로 312 북산빌딩 1층

ISBN   978-89-6436-291-4 03320

이 책의 출판권은 도서출판 삼인에 있습니다.
저작권법에 의해 보호받는 저작물이므로 무단 전재와 복제를 금합니다.